Einfache Sprache

Band 1

Grundregeln – Beispiele – Übungen

Dr. Mansour Neubauer

ISBN: 9781098665128

Auflage 1, Sommer 2019

Ich danke

allen Menschen, die mir beim Erstellen des Konzepts
und dem Schreiben des Buches geholfen haben.

Frau Dr. Sonya Dase und Monika Bartels von der IQ Koordinierungsstelle in Bremen
für ihre fachliche und organisatorische Unterstützung.

den Teilnehmerinnen und Teilnehmern meiner Workshops
für Ihr konstruktives Feedback.

den vielen „Testpersonen"
für ihre wertvollen Tipps aus der Praxis.

allen Personen und Einrichtungen,
die an und mit der Einfachen Sprache arbeiten!

INHALT

Vorwort

Das erwartet Sie in diesem Teil:

a. Über den Autor

b. Über dieses Buch

a.   Über den Autor

Dr. Mansour Neubauer

Mansour Neubauer (Geburtsname: Ismaiel) ist ein Sprachwissenschaftler und Referent für Einfache Sprache. Er wurde 1984 in einer kleinen turkmenischen Minderheit in Syrien geboren. Im Jahr 2005 kam er nach Deutschland, um Germanistik zu studieren. 2017 promovierte er in der Aussagenanalyse zum sprachlichen Umgang deutscher Medien mit dem Syrien-Krieg. Seitdem arbeitet Mansour Neubauer als Experte für Einfache Sprache.

Mansour Neubauer ist mehrfacher Stipendiat und spricht Deutsch, Englisch, Turkmenisch und Arabisch. Deutsch hat er im Erwachsenenalter gelernt.

Mansour Neubauer ist verheiratet, hat zwei Kinder und wohnt in Niedersachsen.

Weitere Infos unter:

www.einfache-sprache.com

Mansour Neubauer bringt eine besonders ausgeprägte Sensibilität für das Thema Sprache mit. Folgende Gründe sprechen für ihn und seine Arbeit mit der Einfachen Sprache:

1 Doktorarbeit in Aussagenanalyse:
In seiner vierjährigen Doktorarbeit hat Mansour Neubauer eine Methode entwickelt, mit deren Hilfe Sprachwissenschaftler Texte Satz für Satz in Form und Inhalt aufspalten können. Mit der Methode lässt sich das Zusammenspiel zwischen Form und Inhalt einer sprachlichen Äußerung analysieren – das Grundkonzept der Einfachen Sprache. Seine Dissertationsschrift (Ende 2017) trägt den Titel „Diskurslinguistische Akteurs- und Äußerungsanalyse am Beispiel der medialen Konstruktion des Syrien-Konflikts". Die Dissertationsschrift steht zum kostenlosen Download zur Verfügung.

2 Bachelorstudium und Masterstudium in Germanistik:
Im dreijährigen Bachelorstudium hat Mansour Neubauer Germanistik als Hauptfach und English-Speaking Cultures als Nebenfach studiert. Dabei lag sein Schwerpunkt in Germanistik bei „Deutsch als Zweitsprache". Im Masterstudium lag sein Schwerpunkt beim Thema „Sprache-Denken-Medien".

3 Migrationshintergrund:
Mansour Neubauer gehört selber der Gruppe der Migranten an, einer großen Zielgruppe der Einfachen Sprache. Erst mit 21 Jahren kam er nach Deutschland und fing an, Deutsch zu lernen.

4 Zweisprachig aufgewachsen:
Mansour Neubauer ist zweisprachig aufgewachsen (Arabisch & Turkmenisch). Im Erwachsenenalter lernte und studierte er zwei Fremdsprachen, Englisch und Deutsch.

5 Erfahrung aus der Servicestelle Einfache Sprache:
Im Anschluss an seine Dissertation hat Mansour Neubauer im Rahmen eines Projekts einen praktischen Ansatz der Einfachen Sprache für den öffentlichen Dienst entwickelt. Der Ansatz stieß auf großes Interesse, sowohl bei Behörden und Ämtern als auch bei den Medien und der Bevölkerung.

6 Mehrjährige Tätigkeit als Sprachlernberater:
Schon während seines Studiums war Mansour Neubauer im Fremdsprachenzentrum der Universität Bremen als Tutor für die Sprachen Deutsch, Englisch, Arabisch, Turkmenisch und Türkisch tätig.

7 Netzwerk Einfache Sprache:
Mansour Neubauer ist Initiator und Organisator des neuen, bundesweiten „Netzwerk Einfache Sprache". Das Netzwerk ist ein Zusammenschluss diverser Menschen und Institutionen, die an und mit der Einfachen Sprache arbeiten: www.netzwerk-einfache-sprache.com

Fun Fact über Dr. Mansour Neubauer: Vermutlich ist Mansour Neubauer der erste Syrer der Geschichte, der in Germanistik in Deutschland promoviert hat.

b.   Über dieses Buch

Inhalte des Buches: Es geht um die „Einfache Sprache" und wie Sie diese selbstständig erlernen können.

Nach einer kurzen Einführung in das Thema lernen Sie die Unterschiede zwischen der Leichten Sprache, der Einfachen Sprache und der Fachsprache kennen. Danach wird das neue und flexible „Ampelsystem der Einfachen Sprache" vorgestellt – inklusive wissenschaftlicher Grundlagen. Sie lernen im Anschluss daran elf sprachliche Stolpersteine kennen und wie Sie diese im Alltag vermeiden können.

Wenn Sie das Buch zu Ende gelesen haben, können Sie Folgendes von sich behaupten:

- Ich weiß nun genau, was andere Leute mit Einfacher Sprache meinen.
- Ich kenne ganz genau die Unterschiede zwischen der Leichten Sprache, der Einfachen Sprache und der Fachsprache.
- Ich weiß, was die wissenschaftliche Basis der Einfachen Sprache ist.
- Das neu entwickelte „Ampelsystem der Einfachen Sprache" wird mir helfen, so zu kommunizieren, wie es meine Zielgruppe braucht. Mit Hilfe des Ampelsystems spreche und schreibe ich ab sofort weder zu kompliziert, noch zu einfach!
- Die elf Grundregeln der Einfachen Sprache haben mir gezeigt, was sprachliche Stolpersteine sind und wie ich diese in Zukunft umgehe. Den Grundregeln kann ich folgen, völlig egal, um welche Themen, Inhalte und Zielgruppen es geht!

Das Besondere an diesem Konzept der Einfachen Sprache: Sie halten ein besonderes Buch in Ihren Händen. Folgende Aspekte zeichnen das bereits sehr erfolgreiche Konzept aus, um das es in diesem Buch geht:

- Konzept, Methodik und praktische Anwendung der Einfachen Sprache – kurz und verständlich geschrieben.
- Neueste wissenschaftliche Standards.
- Einfache Sprache komplett selbstständig lernen.
- In der Praxis bereits bundesweit erfolgreich (siehe Berichterstattung).
- Schreibt nichts vor, sondern regt nur an.
- Ganz konkrete Tipps für den ganz konkreten beruflichen Alltag!
- Für jedes Thema, (fast) jedes Sprachniveau und jede Zielgruppe geeignet.
- Von der Zielgruppe entwickelt und vielfach geprüft.
- Wenig Theorie, viel Praxis.
- Viele, einleuchtende Beispiele aus der Praxis.
- Mit Lösungen am Ende des Buches.
- Berücksichtigt sowohl das Schreiben als auch das Sprechen in Einfacher Sprache!

Dieses Buch ist das Ergebnis jahrelanger Forschung. Es ist zudem aus der Praxis heraus entstanden – von den Zielgruppen der Einfache Sprache für die Zielgruppen der Einfachen Sprache. Sollten wir etwas vergessen haben, oder Sie in manchen Situationen andere Erfahrungen gemacht haben, freuen wir uns über jedes Feedback. Wir werden Ihr Feedback in der neuen Auflage berücksichtigen → www.einfache-sprache.com.

Viel Spaß und Erfolg mit dem Buch wünschen Ihnen Dr. Mansour Neubauer und die Mitwirkenden!

Teil 1

Einführung in die Einfache Sprache

Das erwartet Sie in diesem Teil:

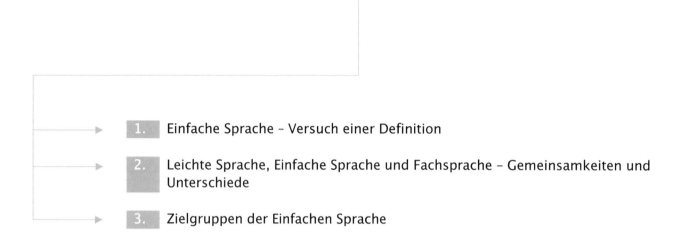

1. Einfache Sprache – Versuch einer Definition

2. Leichte Sprache, Einfache Sprache und Fachsprache – Gemeinsamkeiten und Unterschiede

3. Zielgruppen der Einfachen Sprache

Einfache Sprache ist eine Reduktionsvarietät[1] des Deutschen; ein vereinfachter Sprachstil. In der Einfachen Sprache verzichten wir bewusst auf sprachliche Stolpersteine. Wir reduzieren die Sprache und passen sie a. der Situation und b. der Zielgruppe an. Was zu den sprachlichen Stolpersteinen zählt, hängt vor allem von der jeweiligen Zielgruppe ab. Typische sprachliche Hürden sind vor allem Schachtelsätze, Passivkonstruktionen sowie Fach- und Fremdbegriffe.

In der Einfachen Sprache wird aus dem komplexen Fachdeutsch gut verständliches Deutsch. Die Inhalte bleiben in der Regel die gleichen. Übersetzerinnen und Übersetzer der Einfachen Sprache passen lediglich die Sprache, also die Art und Weise des Schreibens und Sprechens, entsprechend der Kompetenzen der jeweiligen Zielgruppe an. Texte und Gespräche in Einfacher Sprache sind somit frei von Elementen, die einem flüssigen Verstehen im Wege stehen. Sie sind inhaltlich klar, sprachlich korrekt und ästhetisch ansprechend.

Die Einfache Sprache bewegt sich zwischen der oftmals simplen Leichten Sprache für Menschen mit kognitiver Einschränkung und der oftmals komplexen Fachsprache für Experten. Da der Einfachen Sprache kein striktes Regelwerk zugrunde liegt, ist sie komplexer, lebendiger und vielfältiger als die Leichte Sprache.

Zielgruppen der Einfachen Sprache sind nicht nur Zugewanderte, Touristen, Menschen mit Leseschwierigkeiten und funktionale Analphabeten. Zielgruppe der Einfachen Sprache ist in erster Linie die breite Bevölkerung. Wenn Sie in Einfacher Sprache sprechen oder schreiben, verstehen die meisten Menschen (vor allem Fachfremde) Ihre Worte. Und wenn Sie gut darin sind, wirkt Ihre Sprache weder „gekünstelt", noch übertrieben einfach.

Forscherinnen und Forscher der Einfachen Sprache gehen Fragen wie diesen nach:

- Wie spreche ich Menschen an, die Schwierigkeiten generell mit Deutsch oder speziell mit dem Fachdeutsch haben?

- Wie kann ich als Experte meines Faches einfacher schreiben und sprechen, ohne den Sinn zu verfälschen oder in eine „Kindersprache" zu geraten?

- Wie kann ich so sprechen und so schreiben, dass mich möglichst jeder (also nicht nur Fachleute, sondern auch Laien und Menschen mit geringen Deutschkenntnissen) versteht und meine Worte nicht simpel findet?

- Wie kann ich sprachliche Stolpersteine identifizieren und beseitigen?

- Kann ich den gleichen Inhalt sprachlich anders verpacken?

Die Einfache Sprache sucht nach Antworten für diese und weitere, ähnliche Fragen.

---

[1] Als Reduktionsvarietät bezeichnen Sprachexperten Versionen der Sprache, deren Komplexität reduziert ist. Bekannte Beispiele für Reduktionsvarietäten sind Leichte Sprache und Einfache Sprache. Im Englischen gilt „Plain Language" als Reduktionsvarietät des Englischen.

1.2 Leichte Sprache, Einfache Sprache, Fachsprache – Gemeinsamkeiten und Unterschiede

Die Leichte Sprache und die Einfache Sprache werden oft verwechselt. Beide sind zwar Versionen der vereinfachten Sprache, haben aber jeweils einen unterschiedlichen Hintergrund sowie unterschiedliche Zielgruppen und Herangehensweisen:

Leichte Sprache Einfache Sprache

Die Leichte Sprache entstand im Rahmen der Behindertenhilfe. Sie zielt auf eine barrierearme, schriftliche Kommunikation ab und will Informationen für benachteiligte Menschen zugänglich machen.

Die Leichte Sprache richtet sich an Menschen, die eine kognitive Einschränkung und/oder extreme Schwierigkeiten mit dem Lesen und Verstehen eines Textes haben.

Wenn wir die Leichte Sprache mit dem Fremdspracherwerb vergleichen, haben Texte in Leichter Sprache das Niveau A1 (absolute Anfänger in einer Fremdsprache).

Die Leichte Sprache stellt die extremste Form der Vereinfachung dar. Sie hat feste Regelwerke mit bundesweit über 20 Zertifizierungsstellen. Viele Regelwerke sehen folgendes vor:
- eine Aussage pro Satz und ein Satz pro Zeile.
- Nur Hauptsätze, also keine Nebensätze.
- Kein Passiv und keine Pronomen der dritten Person.
- Binde-striche oder Medio·punkte trennen lange Wörter
- ...

Texte in Leichter Sprache werden sowohl sprachlich als auch inhaltlich vereinfacht. Aus einem 400-Seiten-Roman wird nicht selten ein 20-Seiten-Roman.

Die Einfache Sprache entstand parallel zur Leichten Sprache in unterschiedlichen Kontexten. Die Einfache Sprache zielt auf eine barrierearme schriftliche und mündliche Kommunikation ab. Sie richtet sich an die Mitte der Gesellschaft und will Informationen für breite Bevölkerungsgruppen zugänglich machen.

Wenn wir die Einfache Sprache mit dem Fremdspracherwerb vergleichen, haben Texte in Einfacher Sprache unterschiedliche Niveaus – von A2 bis B2, je nachdem, welche Kompetenzen die Hauptzielgruppe hat.

Texte und Gespräche in Einfacher Sprache haben unterschiedliche Schwierigkeitsgrade.

Die Einfache Sprache hat noch kein Regelwerk, da die angesprochenen Zielgruppen heterogen sind. Bislang existiert jedoch eine Reihe von Empfehlungen, die dazu dienen, sprachliche Stolpersteine zu vermeiden. So benutzt man in Einfacher Sprache Nebensätze, vermeidet aber Schachtelsätze. Man benutzt das Passiv, aber seltener. Der Text bleibt ein Fließtext.

Texte und Gespräche in Einfacher Sprache werden nur sprachlich vereinfacht, nicht inhaltlich. Wir sagen und schreiben die gleichen Inhalte, jedoch leicht verständlich und gleichzeitig ansprechend.

a. Ist nun Einfache Sprache besser als Leichte Sprache?

Sowohl die Leichte als auch die Einfache Sprache erheben den Anspruch, benachteiligte Zielgruppen bedienen zu wollen. Beide Sprachstile fragen sich nicht:

☒		☑
Wie kann ich diesen Inhalt sprachlich vermitteln?	sondern: →	Wie kann ich diesen Inhalt sprachlich so vermitteln, dass Zielgruppe XY ihn ohne große Mühe lesen, verstehen und anwenden kann?

Vertreterinnen und Vertreter der Leichten und der Einfachen Sprache gehen also nicht vorrangig vom Inhalt aus, sondern von der Zielgruppe.

Bevor wir jedoch als (neue) Anwenderinnen und Anwender der Einfachen Sprache diese Frage beantworten, sollte uns zudem folgender grundsätzlicher Umstand bewusst sein:

a.1 Experte versus Laien – so sieht unser beruflicher Alltag aus!

Sicherlich ist jeder Mensch absoluter Experte in seinem Fach. Die Realität zeigt jedoch ein facettenreicheres Bild: In manchen Bereichen sind wir zwar absolute Experten, in vielen anderen aber absolute Laien. Dazwischen existieren viele Abstufungen. Wenn wir Texte schreiben oder mündlich kommunizieren, dürfen wir also nicht alle Menschen entweder wie absolute Laien oder wie absolute Experten behandeln. Die Sprache, mit der wir Inhalte vermitteln, muss den Kompetenzen der jeweiligen Zielpersonen gerecht werden:

sehr einfach	einfach	mittelmäßig	schwer	sehr schwer

Absolute Laien   Absolute Experten

a.2 Experte versus Laien – So gehen die Leichte und die Einfache Sprache vor!

Die Leichte Sprache antwortet mit strikten Regelwerken. Sie vereinfacht die Sprache dermaßen, dass es nicht einfacher geht. Die Einfache Sprache ist hingegen ein flexibles System an Empfehlungen. Das System passt sich einerseits den Anforderungen der Zielgruppe und andererseits der Textsorte an. Für die Einfache Sprache ist die Fachsprache zu kompliziert und die Leichte Sprache zu simpel. Die Einfache Sprache sieht sich als den goldenen Mittelweg an. Diese grafische Darstellung verdeutlicht den Umstand:

Sprachstile:	Leichte Sprache	E i n f a c h e S p r a c h e			Fachsprache
Schwierigkeitsgrade:					
Zielgruppen:	Absolute Laien				Absolute Experten
		→	→	→	

Die Leichte Sprache bewegt sich nur innerhalb des ersten, dunkelgrünen Bereichs. Alles andere schließt sie aus. Die Fachsprache (Wissenschaftler, Juristen, Behörden, ...) entscheidet sich bewusst für den letzten, dunkelroten

Bereich. Alles andere schließt sie aus. Die Einfache Sprache hat ein großes Spielfeld. Sie bewegt sich zwischen dem ersten dunkelgrünen Bereich und dem vierten, hellroten Bereich. Sie schließt nur den roten Bereich aus.

b. Wie lassen sich die Leichte Sprache, die Einfache Sprache und die Fachsprache tabellarisch darstellen?

	Leichte Sprache	Einfache Sprache	Fachsprache
Sprachniveau (europäische Referenzrahmen)	A1 bis A2 (Sprachanfänger)	A2 bis B2 (Mittelstufe)	C1 – C2 (Fortgeschrittene)
Die größten Zielgruppen	Menschen mit kognitiver Einschränkung oder großer Leseschwäche	die breite Bevölkerung, Zugewanderte, Touristen, Menschen mit Leseschwäche oder Lernschwierigkeiten, funktionale Analphabeten und andere	Fachkollegen
Prozentual Gesamtbevölkerung	ca. 5 %	ca. 80 – 90 %	fachbezogen
Syntaktische Reduktion (sprachliche Vereinfachung)	Ja	Ja	Nein
Semantische Reduktion (inhaltliche Vereinfachung)	Ja	Nein	Nein

c. Ein Beispiel: Wie lassen sich die Jahreszeiten Winter und Sommer in Leichter Sprache, Einfacher Sprache und Fachsprache erklären?[2]

Leichte Sprache

Winter:
Im Winter fällt Schnee.
Und es ist kalt.

Sommer:
Im Sommer scheint die Sonne.
Dann ist es wärmer.

⇩

Für „Durchschnittsbürger"
viel zu simpel
☹

Einfache Sprache

Der Winter ist normalerweise die Jahreszeit, in der Schnee fällt. In dieser Jahreszeit ist es am kältesten.

Der Sommer ist hingegen normalerweise die Jahreszeit, in der oft die Sonne scheint. In dieser Jahreszeit ist es am wärmsten.

⇩

Für „Durchschnittsbürger"
ein guter Mittelweg
☺

Fachsprache

Der Winter (v. althochdeutsch: *wintar*, eigentlich „glänzende (Zeit)": *nasse Jahreszeit* oder *weiße Jahreszeit*) ist die kälteste der vier Jahreszeiten in den subtropischen gemäßigten, subpolaren und arktischen Klimazonen der Erde, wohingegen der „Sommer" die Bezeichnung einer Jahreszeit darstellt, in der es in den subtropischen, gemäßigten, kalten und arktischen Klimazonen am wärmsten ist.

⇩

Für „Durchschnittsbürger"
viel zu kompliziert
☹

---

[2] Quellen: Leichte Sprache (Netzwerk Leichte Sprache), Einfache Sprache (eigene Übertragung), Fachsprache (Wikipedia, letzter Zugriff am 25.03.2019)

Wie kann ich so sprechen und so schreiben, dass mich möglichst viele Menschen verstehen? Dieser Frage geht die Einfache Sprache nach. Die Einfache Sprache hat somit eher die Mitte der Gesellschaft im Blick. Entsprechend sind Texte in Einfacher Sprache der Lesekompetenz breiter Bevölkerungsgruppen angepasst. Der Nutzen der Einfachen Sprache wird jedoch als Erstes in der Arbeit mit den untenstehenden Zielgruppen sichtbar. Vor allem in der Arbeit mit zugewanderten Menschen erweist sich die Einfache Sprache immer häufiger als unverzichtbar.

Nicht geeignet ist die Einfache Sprache hingegen bei Menschen mit starker kognitiver Einschränkung (siehe Leichte Sprache). Selbstverständlich ist die Einfache Sprache an sich kein Ersatz für Blinden- oder Gebärdensprache. Hier eignet sich die Einfache Sprache hervorragend als Vorstufe.

Doch auch die gesellschaftliche Mitte ist keineswegs homogen. Texte und Beratungen entstehen für bestimmte Zielgruppen. Neben den allgemeinen Regeln oder Empfehlungen der Einfachen Sprache, die für alle Zielgruppen gleichzeitig gelten, erfordert die Arbeit mit bestimmten Zielgruppen zusätzliche Regeln.

Redewendungen wie „Nicht alle Tassen im Schrank haben" sind für Menschen mit Deutsch als Erstsprache verständlich, für Ausländer jedoch nicht. In anderen Ländern gibt es für dieselbe Bedeutung des Satzes andere Formulierungen.

Je nach Zielgruppe können Texte in Einfacher Sprache unterschiedliche Grade an Einfachheit vorweisen. Sollte sich ein Text nicht an eine ganz bestimmte Zielgruppe richten, überarbeiten ihn die Experten für Einfache Sprache in der Regel so, dass breite Bevölkerungsgruppen den Text akzeptieren, verstehen und als ästhetisch schön empfinden.

Zusammenfassung: Die Einfache Sprache geht von der Zielgruppe aus. Der Grad der Vereinfachung orientiert sich dabei an den Fähigkeiten der Zielgruppe und – anders als Leichte Sprache – hat die Einfache Sprache kein vorgeschriebenes Regelwerk. Sollte sich ein Text nicht an eine bestimmte Zielgruppe orientieren, spricht er die breite Bevölkerung an, das heißt, den „Durchschnittsbürger".

Daher unterscheiden wir zwischen allgemeinen Empfehlungen (Zielgruppen-übergreifend, die für alle Menschen gelten) und konkreten Empfehlungen (Hauptzielgruppen-relevant, die sich an eine konkrete Zielgruppe richten).

 Breite Bevölkerungsgruppen

 – Blindensprache

 ✗ Wissenschaftliche Arbeiten

✓ Zugewanderte (Migranten)

– Gebärdensprache

✓ Menschen mit Lernschwierigkeiten, Aphasie, Autismus, Demenz oder funktionalem Analphabetismus

⇩
Sinnvoll wäre hier: Text erst in die Einfache Sprache übertragen, dann in die Blinden- oder Gebärdensprache.

✓ Kinder und ältere Menschen

✓ Laien (wenn ihnen Fachtexte vermittelt werden soll)

Teil 2

Grundprinzipien der Einfachen Sprache

Das erwartet Sie in diesem Teil:

2.1   Grundprinzipien der Einfachen Sprache

Die Einfache Sprache grenzt sich von Sprachstilen wie der Leichten Sprache oder der Fachsprache durch Grundprinzipien ab. Damit die Kommunikation gelingt, müssen Texte und Gespräche im Sinne der Einfachen Sprache drei Voraussetzungen erfüllen. Der Leser oder der Gesprächspartner muss 1. sich auf die Kommunikation als solche überhaupt einlassen, 2. die Inhalte der Kommunikation verstehen und 3. die Form der Kommunikation ästhetisch ansprechend finden. Erst wenn alle drei Grundprinzipien auf Ihren Text oder Ihre mündliche Kommunikation zutreffen, haben Sie den größten Erfolg mit der Einfachen Sprache:

1.	2.	3.
starten →	verstehen →	ansprechend finden

1. starten

Um eine Kommunikation in Gang zu setzen, muss Ihre Sprache grundsätzliche Rahmenbedingungen erfüllen. Das betrifft beispielsweise folgendes:

- Sie sprechen die gleiche Sprache wie Ihr Kommunikationspartner. Als deutschsprachige Behörde sollten Sie nicht auf Chinesisch oder Arabisch sprechen.
- Sie kommunizieren sachlich und höflich. „Ay, du Dicka!", als Ansprache wäre hier keine gute Idee.
- Sie behandeln Ihre Leser und Zuhörer weder als kompetente Fachkollegen, noch als ahnungslose Kinder.
- ....

2. verstehen

Wenn sich Menschen auf die Kommunikation mit Ihnen eingelassen haben, geht es im nächsten Schritt darum, dass sie Ihre Inhalte verstehen. Im Idealfall verpacken Sie Ihre fachlichen Inhalte sprachlich so, dass sie ohne Mühe wieder ausgepackt werden können. Das gelingt am besten, wenn der Text oder das Gespräch keine Elemente enthält, die einem geschmeidigen Verstehen im Wege stehen. Sprachliche Stolpersteine wie Fachbegriffe, Passivkonstruktionen oder Schachtelsätze torpedieren dieses Prinzip.

3. ansprechend finden

Für eine erfolgreiche Kommunikation sind das „Sich-Darauf-Einlassen" und bloßes „Inhalte-Verstehen" nicht genug. Wenn die Kommunikation gut gestartet ist und die Menschen Sie verstanden haben, geht es im dritten Schritt darum, dass die Menschen den Text und das Gespräch stilistisch schön finden. Denn nur gute Texte und Gespräche bleiben in guter Erinnerung und werden weiterempfohlen. Daher: So einfach wie möglich, aber nicht einfacher!

Die drei Prinzipien sind untrennbar miteinander verbunden. Sie laufen in der gezeigten Reihenfolge ab. Ein Text, der zum Beispiel akzeptiert aber nicht verstanden wird, bring keinem etwas.

2.2 Wissenschaftliche Annahmen

In dieses Buch sind die neuesten Erkenntnisse aus folgenden Bereichen der Sprachwissenschaft eingeflossen:

Linguistische Aussagenanalyse:

Jede mündliche oder schriftliche Aussage hat eine Form und einen Inhalt. Die Aussagenanalyse (zum Beispiel im Rahmen der Diskursanalyse) untersucht, in welcher Art und Weise sich Menschen mit welchen Inhalten in Themen einbringen, die gesellschaftsrelevant sind. Die Aufspaltung der Aussage in Form und Inhalt ist der Kern der Arbeit mit der Einfachen Sprache. Eine wichtige Frage ist dabei: Wie kann ich den gleichen Inhalt sprachlich unterschiedlich realisieren?

Die Forschung zu Verständlichkeit:

Die Verständlichkeitsforschung befasst sich mit der Verstehbarkeit von schriftlichen Texten. Die empirische Forschung versucht objektive Textmerkmale zu finden, die zeigen können, wie verständlich ein Text ist. In diesem Zusammenhang hat man verschiedene Formeln entwickelt. Fast immer spielen Wort- und Satzlänge dabei eine große Rolle. In der Praxis sind die Forschungsresultate etwa beim Verfassen von Sachtexten und Gebrauchsanweisungen relevant.

Der Spracherwerb und die Sprachlehrforschung:

Der Spracherwerb ist Forschungsgegenstand der angewandten Linguistik, der Didaktik und der Psycholinguistik. In der Spracherwerbsforschung untersuchen Forscherinnen und Forscher, wann und wie wir eine Sprache unbewusst lernen. Bei der Sprachlehrforschung untersucht man, wann und wie Menschen eine Sprache bewusst lernen, etwa im Sprachkurs. Zwei wichtige Disziplinen in diesem Bereich sind „Deutsch als Fremdsprache" und „Deutsch als Zweitsprache".

Translatologie:

Die Translatologie ist die Wissenschaft vom Übersetzen und Dolmetschen. Hierbei sind mindestens zwei unterschiedliche Sprachen betroffen, zum Beispiel Deutsch und Englisch. Die Translatologie beschäftigt sich unter anderem mit der Frage, wie man Aussageninhalte möglichst ohne Verfremdung von einer Sprache in eine andere überträgt.

Xenolektforschung:

Wenn Muttersprachler merken, dass jemand ihre Sprache nicht beherrscht, reden sie anders. In solchen Fällen reduzieren Muttersprachler stufenweise die Sprache soweit, bis eine Verständigung gelingt. Die Xenolektforschung untersucht diesen Bereich.

Die wichtigsten, für die Einfache Sprache relevanten Annahmen stehen auf den folgenden Seiten:

1.

Sprachwissenschaftliche Annahme

Die Welt war schon da, als das Wort kam. Der Baum, das Feuer, der Elefant – alles war da, als die Menschen das große, grüne Ding „Baum", das heiße, rote Ding „Feuer" und das große, lebende Ding mit Rüssel „Elefant" nannten. „Baum", „Feuer" und „Elefant" sind nichts weiter als willkürlich zusammengeführte Buchstabenreihen, die auf etwas da draußen in der Welt referieren. Wir verstehen die Wörter nur, weil wir wissen, was mit ihnen gemeint ist.

Die Sprachwissenschaft ist sich einig: Die Bedeutung eines sprachlichen Ausdrucks lässt sich nur erfassen, wenn wir das entsprechende Weltwissen haben. Das erklärt, warum Sie als Leser dieses Buches zwar „Baum" verstehen, die Buchstabenreihe „Buziknapkismau" jedoch nicht. Das Wort „Buziknapkismau" habe ich nämlich gerade erfunden. Sie verfügen über kein Weltwissen zu diesem Wort.

Unser Weltwissen ist nicht ein Wirrwarr von Informationen. Es ist in Frames organisiert. Ein Frame[3] ist die mentale Vorstellung (ein Gedanke) einer typischen Situation. Aus der Erfahrung wissen wir zum Beispiel, dass Tische normalerweise flach sind und Beine haben. Das muss man uns nicht jedes Mal erklären, wenn das Wort „Tisch" fällt. „Flach-Sein" und „Beine-Haben" gehören zum Frame „Tisch". Genauso verhält es sich mit „heiß" und „Feuer" oder „großes Tier" und „Elefant"

↓

Konsequenz für die Einfache Sprache

Diese Annahme hilft Ihnen, Ihre Gedanken zu sortieren, noch bevor Sie in Einfacher Sprache schreiben oder sprechen. Gehen Sie in einer Meta-Ebene einen Schritt zurück in sich. Fragen Sie sich, was Sie überhaupt sagen wollen. Definieren Sie den Inhalt, bevor Sie mit der Form anfangen. Erst wenn Sie wissen, was Sie sagen wollen, können Sie wissen, wie Sie es sagen. Inhalt geht vor Form!

↓

Beispiel

Die Äußerung „Ich habe einen Fernseher gekauft" enthält mehr Informationen, als die einzelnen explizit genannten Wörter. Aus der Erfahrung wissen wir, dass es sich hierbei um eine „kommerzielle Transaktion" handelt. Dieser Frame enthält mindestens folgende Elemente:

1. Verkäufer, 2. Käufer, 3. Ware und 4. Preis

Die Aussage „Ich habe einen Fernseher gekauft" enthält aber nur das zweite und das dritte Element. Obwohl der Sprecher die Elemente 1 und 4 nicht ausspricht, wissen wir, dass es sie gibt.

Jeder sprachliche Ausdruck, egal in welcher Form, ruft einen Frame hervor. Die Frames sind kulturell bedingt. Bestimmte Frames können nur in bestimmten Kulturkreisen existieren. Andere Kulturkreise legen manchmal Wert auf andere Elemente eines Frames als Menschen des eigenen Kulturkreises.

---

[3] Englisch für „Wissensrahmen".

2.

Sprachwissenschaftliche Annahme

Die kleinste kommunikative Einheit ist die Aussage.

In der Gesellschaft kommunizieren wir nicht nur mit geschriebenen Wörtern. Wenn wir etwas sagen möchten, tun wir dies mit geschriebenen oder gesprochenen Wörtern, mit einer Zeichnung, einem Bild, einer Geste, einer Farbe oder gar mit Schweigen. Alles kann etwas aussagen. Am häufigsten nehmen Aussagen jedoch die Form eines Satzes an. Wir müssen also zwischen Form und Inhalt einer Aussage unterscheiden. Wichtig ist nicht das materielle Zeichen (der Buchstabe, der Laut, das Bild, …), sondern die dahinterstehende Bedeutung!

Konsequenz für die Einfache Sprache

Schauen Sie sich das Gemeinte hinter dem Gesagten, dem Geschrieben oder dem Gezeichneten an. Übersetzen Sie niemals „Wort-für-Wort", sondern „Aussage-für-Aussage"!

Beispiel

Wir nehmen an, Sie besitzen ein Café. Sie möchten Ihre Kunden darauf hinweisen, dass Sie auch WLAN haben. Wie könnten Sie die Information „WLAN" dem Kunden vermitteln? Theoretisch haben Sie viele Möglichkeiten, ein und dieselbe Informationen, das Gemeinte, zu kommunizieren:

1. Sie schreiben irgendwo sichtbar die Worte „Wir haben WLAN".
2. Sie schreiben irgendwo sichtbar die Worte „Wir haben drahtloses / kabelloses lokales Netzwerk".
3. Sie platzieren irgendwo sichtbar ein Piktogramm wie dieses hin: 📶
4. Sie lassen über Lautsprecher eine Audio-Datei mit der Äußerung „Wir haben WLAN" in Dauerschleife laufen.
5. Sie schreiben irgendwo tastbar „Wir haben WLAN" in Blindenschrift.
6. Sie sagen jedem potenziellen Kunden mündlich „Wir haben WLAN".
7. Sie gestikulieren „Wir haben WLAN" in Gebärdensprache.
8. Sie sagen oder schreiben „Wir haben WLAN" in einer der Weltsprachen, in der Computersprache mit Nullen und Einsern und so weiter.
9. Sie kombinieren die Wege oder erfinden Ihre eigene.

Eine Information lässt sich also auf sehr unterschiedliche Art und Weise übermitteln. Manche Wege sind gebräuchlicher als andere. Die Kunst beim Übertragen ist, zu wissen, welcher Weg für die Zielgruppe der einfachste ist.

3.

Sprachwissenschaftliche Annahme

Je nachdem wo sie sich befinden, bedeuten Wörter und anderes sprachliches Material Unterschiedliches. Die Bedeutung kann sich auch zeitlich wandeln. Der (thematische, historische, situative, sprecherbezogene,...) Kontext eines Wortes ist genauso wichtig wie das Wort selbst.

↓

Konsequenz für die Einfache Sprache

Schauen Sie sich den Kontext des Gemeinten an. Fragen Sie sich, wer sagt was wann, wo, wie und warum?

↓

Beispiel

Ein Wort wie „Bank" hat mehrere Bedeutungen (Geldinstitut, Möbelstück, Untiefe im Meer, ...). Ohne den Kontext lässt sich das Wort somit nicht sinnvoll übersetzen. Nicht nur Worte – auch ganze Sätze, Texte oder Werke können je nach Kontext etwas Anderes aussagen. Der Satz „Ich bin ein Berliner" bedeutet nicht dasselbe, wenn ihn ein einfacher Bewohner Berlins oder ein ausländischer Präsident sagt. Der Kontext, das heißt das Drumherum, sagt viel mit aus.

4.

Sprachwissenschaftliche Annahme

Man kann nicht ein Wort durch ein anderes ersetzen und behaupten, beides bedeute genau dasselbe. Jedes sprachliche Zeichen, jedes Bild ist ein Unikat – auch wenn zwei oder mehr auf Gleiches referieren können. Ein „Formular" ist zum Beispiel nicht dasselbe wie ein „Antrag" und ein „Fahrzeug" muss nicht unbedingt ein „Auto" sein. Auch bei Wörtern, die auf dasselbe referieren (wie Samstag und Sonnabend) gibt es Nuancen, feine graduelle Unterschiede. Daher sprechen Wissenschaftler bei Synonymen nicht von „bedeutungsidentischen", sondern von „bedeutungsgleichen" Wörtern.

↓

Konsequenz für die Einfache Sprache

Übersetzen Sie nicht mathematisch „eins-zu-eins", sondern „eins-zu-Gleiches-aber-einfacher-ausgedrückt".

↓

Beispiel

Wir nehmen an, Sie arbeiten in einer Ausländerbehörde. Jemand möchte seinen Aufenthalt verlängern. Doch die Person sitzt ohne Papiere vor Ihnen und spricht wenig Deutsch. Sie bitten die Person, ein andermal zu kommen und seine „schriftlichen Unterlagen" mitzubringen. Die Person versteht Sie nicht. Sie ersetzen „schriftliche Unterlagen" durch „Dokumente". Da das Wort „Dokument" international ist, versteht die Person wahrscheinlich, was Sie meinen.

5.

Sprachwissenschaftliche Annahme

Die Sprache hat Schwierigkeitsgrade

Das kennen Sie sicherlich, wenn Sie eine Fremdsprache gelernt haben: Sie haben zunächst mit dem Einfachen, dem alltäglich Wichtigen begonnen. Nach und nach haben Sie komplexere Wörter und Sprachstrukturen gelernt. So ist es auch mit Deutsch. Wir benutzen im Sprachgebrauch bestimmte Wörter und Strukturen häufiger als andere. Daher ist manches bekannter und dementsprechend einfacher als anderes. Die meisten Inhalte lassen sich sowohl mit einfachen, als auch mit komplexen Wörtern zum Ausdruck bringen.

↓

Konsequenz für die Einfache Sprache

Die Bedeutung, das Gemeinte, kann man formal unterschiedlich auf Papier bringen. Erstellen Sie daher für jeden gemeinten Begriff und jede Aussage unterschiedlich schwierige/einfache Synonyme und Sprachstrukturen. Wählen Sie je nach Zielgruppe das Passende.

↓

Beispiel

Nehmen wir an, Sie arbeiten ehrenamtlich in einem gemeinnützigen Verein. Dort bieten Sie einen Kochkurs für Zugewanderte an. Ihr Kurs muss heute aufgrund eines Wasserschadens abgesagt werden. Sie wollen den Teilnehmenden per WhatsApp Bescheid geben. Wie würden Sie es schreiben?
Sie haben viele Möglichkeiten, den Sachverhalt zu schildern. Manche sind einfacher als andere:

Wasserschaden. Kein Kurs heute!

↓

Wir haben einen Wasserschaden. Der Kurs findet heute nicht statt!

↓

Weil wir einen Wasserschaden haben, kann der Kurs heute nicht stattfinden.

↓

Wegen eines Wasserschadens muss der Kurs heute ausfallen!

↓

Aufgrund eines Wasserschadens muss der heute stattzufindende Kurs abgesagt werden!

Wie Sie sehen, können Sie Inhalte sprachlich unterschiedlich einfach/schwierig zum Ausdruck bringen.

6.

Sprachwissenschaftliche
Annahme

In die Einfache Sprache zu übertragen bedeutet, dass wir einen bereits mit komplexen Wörtern und Strukturen geäußerten Gedanken ähnlich, jedoch mit anderen, einfacheren Wörtern und Strukturen wieder äußern möchten. Die „richtige" Wort- und Bildauswahl erfordert extremes Vorwissen über das Fachgebiet, die Zielgruppe, den Zweck des Textes und über die Linguistik. Denn wirklich jedes Wort, jede Zeichnung und jedes andere Kommunikationszeichen entpuppt sich bei genauerem Hinschauen als ein strittiger Begriff. Das übertriebene Hinterfragen eines jeden Wortes führt zwangsläufig ins Philosophische. Sogar eine einfache Äußerung wie „Ich bin ein Autor" kann zu jahrtausendelangen Diskussionen über die Begriffe „Das Ich", „Das Sein" und „Autor" führen. In politisch-medialen Zusammenhängen sprechen Experten über „Deutungshoheit". Die Frage lautet: Wer hat die Macht, die eigene Deutung eines Wortes durchzusetzen? Eine weitere interessante Erkenntnis in diesem Zusammenhang: Würde man 100 Personen fragen, was sie unter dem Begriff XY verstehen, würde man 100 unterschiedliche Antworten bekommen. Dies ist ein Problem, mit dem auch Juristen kämpfen müssen, wenn Sie Gesetzestexte verfassen.

↓

Vier Voraussetzungen machen eine gute Übersetzerin/ einen guten Übersetzer aus:
1. Sie/Er kennt sich im Fachgebiet des Originaltextes aus.
2. Sie/Er ist selbst Teil der Zielgruppe oder hat mindestens Zugang zu ihr.
3. Sie/Er ist durch den Auftraggeber bestens über den Zweck des Textes informiert.
4. Sie/Er hat eine sprachwissenschaftliche Ausbildung oder Ähnliches hinter sich.

Auch wenn alle vier Voraussetzungen auf Sie zutreffen, sollten Sie sich als Übersetzerin oder Übersetzer niemals folgende Frage stellen:

   Wie kann ich dieselbe Aussage in Einfacher Sprache sagen?

Sie sollten sich eher fragen:

✓   Wie kann ich die gleiche Aussage in Einfacher Sprache sagen.

↓

Nehmen wir – dieses Mal sehr hypothetisch – an, jemand beauftragt Sie, das Wort „Integration" in Einfacher Sprache zu definieren. Sie wissen nichts über die Person, die Sie beauftragt. Sie wissen auch nichts über den Kontext des Wortes.
Eine solche Übertragung ist natürlich unmöglich. Das Wort „Integration" hat viele Bedeutungen. Es findet sich in der Soziologie, der Mathematik, der Computersprache und so weiter. Das Wort gibt es auch in Fremdsprachen wie im Englischen.
Um weiterzukommen, müssen Sie also den Spielraum der Interpretation möglichst eingrenzen. Erst wenn Sie mehr Informationen zum Kontext haben, können Sie mit der Arbeit beginnen. Aber auch wenn Sie ganz genau wissen, was gemeint ist, wird Ihre Definition selbst neue Interpretationen hervorrufen. Das ist ein endloses Spiel mit der Sprache.
Damit Ihre Übertragung möglichst wenige neue Fragen aufwirft, sollten Sie die Punkte links beherzigen.

Teil 3

Das Ampelsystem der Einfachen Sprache – Ein Vorschlag

Das erwartet Sie in diesem Teil:

1. Das Ampelsystem der Einfachen Sprache – Begründung

2. Das Ampelsystem der Einfachen Sprache – Beispiele

Die Leichte Sprache und die Fachsprache sind die beiden Extrempole der Gesamtsprache. Die Leichte Sprache versteht sich als die extremste Form der Vereinfachung. Die Fachsprache versteht sich hingegen als eine voll ausgebaute, für ein ganz bestimmtes Fachgebiet geltende Sprache. Während Kritiker der Leichten Sprache vorwerfen, sie sei „simpel", steht bei der Fachsprache vor allem die unverständliche Komplexität im Mittelpunkt der Kritik.

„Leicht" gegen „schwierig"?

Die Möglichkeiten der Sprache sind unerschöpflich. Die Sprache kann nicht in lediglich zwei Kategorien wie „einfach" und „schwierig" unterteilt werden. Dazwischen sind viele Abstufungen. Und jede Zielgruppe braucht einen bestimmten Schwierigkeitsgrad der Sprache. Jede Zielgruppe, sei es die breite Bevölkerung, Zugewanderte, Menschen mit kognitiver Einschränkung oder andere, braucht eine Sprache, die sie versteht und die ihre kognitiven Fähigkeiten an keiner Stelle bezweifelt.

Schauen wir uns zum Beispiel den Satzbau an: Die kleinste und einfachste kommunikative Einheit der Sprache ist die Aussage in Form von Hauptsätzen (Subjekt und Prädikat):

- „Ich esse."
- „Die Sonne scheint."
- „Der Ball rollt."

Solche Sätze kennen Sie, wenn Sie eine Fremdsprache gelernt haben. Wenn wir eine Fremdsprache lernen, beginnen wir nämlich immer mit dem Einfachsten und arbeiten uns durch zum Schwierigsten. Egal ob Spanisch, Chinesisch oder Deutsch – nach einzelnen Wörtern lernen Sie zunächst ganz einfache Hauptsätze. Je weiter Sie lernen, desto komplexer werden die Sätze:

- Ich gehe.
- Ich gehe in das Kino.
- Ich gehe heute Abend ins Kino.
- Ich werde heute Abend mit Freunden ins Kino gehen.
- Ich werde heute Abend mit Freunden ins Kino gegangen sein.
- Du hast geschrieben, du werdest heute Abend mit Freunden ins Kino gegangen sein?

Während die unterste Stufe der Vereinfachung bekannt ist, kennt die Komplexität nach oben keine Grenzen.

Wie lässt sich Sprache vereinfachen?

Im Grunde haben wir zwei Herangehensweisen, um Komplexes einfach zu machen:

a. wir sagen, was wir alles schreiben und sprechen sollen (Positivliste),
b. wir sagen, was wir alles vermeiden sollen (Negativliste).

Ein Beispiel für a ist die Forderung der Leichten Sprache, nur in Hauptsätzen zu schreiben. Man schließt alles andere, zum Beispiel Nebensätze, aus. Ein Beispiel für b ist die Forderung der Leichten Sprache, das Passiv zu vermeiden.

Absolute Forderungen dieser Art sind umstritten. Vermeintliche sprachliche Stolpersteine ganz zu verbannen, wäre weder sinnvoll noch praktisch umsetzbar.

Die Forschung auf allen Ebenen sagt, dass es vielmehr um die richtige Dosierung gehen sollte. Nicht das einmalige Vorkommen eines sprachlichen Stolpersteins macht den Text unverständlich, sondern das häufige Auftreten des Stolpersteins. Diese Häufigkeit kann man statistisch berechnen und ihr Vorkommen zielgruppengerecht dosieren!

Die einzelnen Elemente der Sprache – Wörter wie „Mutter" oder „Bus"; syntaktische Strukturen wie Passiv oder Nebensätze; Sprichwörter wie „Die Zeit heilt alle Wunden" oder „Aller Anfang ist schwer" – kommen im alltäglichen Sprachgebrauch unterschiedlich häufig vor.

Obwohl sie das Gleiche bedeuten kommt beispielsweise das Wort „Silvester" in der deutschen Sprache viel häufiger vor als „Altjahrestag". Da „Silvester" bekannter ist als „Altjahrestag" folgt daraus, dass „Silvester" für Deutschlernende einfacher ist als „Altjahrestag". Ähnlich verhält es sich mit „Buttervogel" und „Schmetterling" oder mit „kommod" und „bequem".

Und die Konsequenz?

Um Kategorien wie „einfach" und „schwierig", „schwarz" und „weiß", „gut" und „schlecht" zu vermeiden, schlage ich vor, ein Ampelsystem für die Einfache Sprache einzuführen. Ein Ampelsystem kann aus unterschiedlichen Schwierigkeitsgraden bestehen und so flexibel für die Bedürfnisse der jeweiligen Zielgruppe bleiben. Folgende Ampel zeigt das Grundprinzip:

sehr einfach → sehr schwer

geläufig   eher geläufig   neutral   eher ungeläufig   ungeläufig

Ampel der Einfachen Sprache für Fachinhalte und Sprachstrukturen

Ein Text, fünf Versionen?

Auf keinen Fall. Auch die Anzahl fünf (für die Farben dunkelgrün bis dunkelrot) ist beliebig änderbar. Vielmehr geht es beim Ampelsystem um die Entwicklung eines Bewusstseins dafür, wie Sie (Fach-)Inhalte sowohl einfach als auch kompliziert ausdrücken können. Ziel der Einfachen Sprache sollte es sein, im grünen und gelben Bereich zu schreiben und zu sprechen. Sollte etwas bereits in rot geäußert worden sein, kann man es in die Einfache Sprache übertragen, das heißt in grün wieder äußern.

„Geläufig" bedeutet hier, dass eine beliebige Zielgruppe den Text fachlich-inhaltlich und sprachlich ohne jegliche Anstrengung lesen, verstehen und anwenden kann. „Ungeläufig" bedeutet, dass der Text fachlich oder sprachlich sehr anspruchsvoll ist.

Ob Sie in Ihrer alltäglichen Arbeit nun dunkelgrün, hellgrün oder gar gelb brauchen, hängt von Ihrer Zielgruppe ab. Erstellen Sie also nicht fünf unterschiedliche Texte. Fragen Sie sich eher beim Verfassen eines Textes, welche Farbe Ihre Zielpersonen brauchen:

Das weiß jeder
absolute Laie

Das wissen nur
absolute Experten

3.2   Das Ampelsystem der Einfachen Sprache – Beispiele

a. Nehmen wir an, Sie müssen beruflich viel schreiben. Ihre Zielgruppe ist die breite Bevölkerung. Sie machen sich dabei oft Gedanken über ein altbekanntes Problem: Soll ich nur in Hauptsätzen schreiben? Sie fragen sich, ob es sinnvoll wäre, auf Nebensätze komplett zu verzichten (Forderung der Leichten Sprache). Diese Frage lässt sich im Rahmen des Ampelsystems gut beantworten:

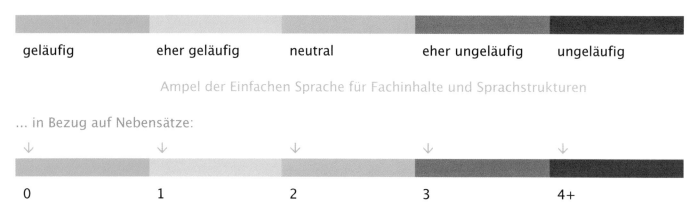

geläufig   eher geläufig   neutral   eher ungeläufig   ungeläufig

Ampel der Einfachen Sprache für Fachinhalte und Sprachstrukturen

... in Bezug auf Nebensätze:

↓   ↓   ↓   ↓   ↓

0   1   2   3   4+

Ampel der Einfachen Sprache für die Zahl der Nebensätze in einem durchschnittlichen Satz

Ein Nebensatz pro Satz wäre aus Sicht der Sprachwissenschaft für „Durchschnittsbürger/ Durchschnittskunden" völlig im Rahmen. Ab drei Nebensätzen wird es jedoch kritisch. Die Einfache Sprache verbannt Nebensätze – wie dies die Leichte Sprache oft tut – daher nicht! Die Einfache Sprache plädiert für die richtige „Dosierung". Die Einfache Sprache will damit bewusst machen, dass die Sprache unverständlicher wird, je mehr Nebensätze wir schreiben. Die Wissenschaft hat diesen Befund mehrfach bewiesen.

b. Nehmen wir an, Sie beraten beruflich oft Menschen, die kaum Deutsch sprechen. Sie fragen sich, ob bestimmte Zugewanderte ein bestimmtes Wort (zum Beispiel das Wort „unterschreiben") kennen oder verstehen würden.

Fragt man sich als Beraterin oder Berater von zugewanderten Menschen, die wenig Deutsch sprechen, ob sie das eine oder andere Wort kennen, entsteht im Kopf automatisch eine Art Ampel der Einfachen Sprache:

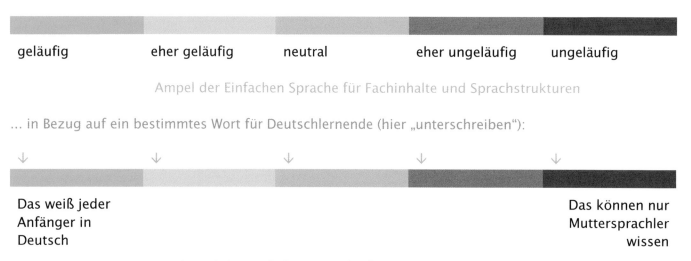

geläufig   eher geläufig   neutral   eher ungeläufig   ungeläufig

Ampel der Einfachen Sprache für Fachinhalte und Sprachstrukturen

... in Bezug auf ein bestimmtes Wort für Deutschlernende (hier „unterschreiben"):

↓   ↓   ↓   ↓   ↓

Das weiß jeder   Das können nur
Anfänger in   Muttersprachler
Deutsch   wissen

Ampel der Einfachen Sprache für Deutsch als Fremdsprache

Die Aufgabe ist nun, das Wort „unterschreiben" richtig zu platzieren und – für den Fall, dass jemand das Wort nicht kennt – nach (einfacheren) Alternativen zu suchen.

Teil 4

Grundregeln der Einfachen Sprache

Das erwartet Sie in diesem Teil:

1. Regel Nummer 1: Benutzen Sie geläufige Wörter

2. Regel Nummer 2: Benutzen Sie genaue und konkrete Wörter

3. Regel Nummer 3: Benutzen Sie kurze Wörter

4. Regel Nummer 4: Vermeiden Sie Füllwörter

5. Regel Nummer 5: Vermeiden Sie Abkürzungen

6. Regel Nummer 6: Bilden Sie kurze Sätze

7. Regel Nummer 7: Benutzen Sie den Verbalstil

8. Regel Nummer 8: Benutzen Sie die Aktivform der Sprache

9. Regel Nummer 9: Bilden Sie maximal zwei Nebensätze

10. Regel Nummer 10: Gehen Sie sparsam mit dem Genitiv um

11. Regel Nummer 11: Gehen Sie „ökonomisch" mit der Sprache um

Die Forschung zeigt immer wieder, dass bestimmte Elemente der Sprache dafür sorgen, dass Texte oder Gespräche schwer verständlich werden. Lange Wörter und lange Sätze stehen auf der Liste der sprachlichen Stolpersteine ganz oben. Doch auch der übermäßige Einsatz von Fachbegriffen und Passivkonstruktionen steht einer leichten und schönen Lektüre im Wege. Diese Sprachelemente sorgen bei nahezu allen Menschen unabhängig vom Thema, Bildungsstand und so weiter für Schwierigkeiten.

Doch bestimmte Bevölkerungsgruppen haben darüber hinaus weitere spezifische Schwierigkeiten mit der (deutschen) Sprache. Was für in Deutschland mit kognitiver Einschränkung aufgewachsene Menschen schwer ist, ist es noch lange nicht für kognitiv gesunde Deutschlernende aus dem Ausland.

Ein Mini-Beispiel: Im chinesischen Lautbestand fehlt der Buchstabe „R" komplett. Chinesinnen und Chinesen haben daher oft Probleme mit der richtigen Aussprache von „R".

Anders ist es bei Arabisch-sprechenden Menschen. Im Arabischen Alphabet gibt es den Buchstaben „R". Arabischsprechende Deutschlernende sprechen den Buchstaben daher problemlos aus. Dafür fehlt im Arabischen das „ch" wie in „Ich" oder „Milch". Wer mit Arabisch aufgewachsen ist, hat oft Schwierigkeiten, „ch" richtig auszusprechen.

Dieses winzig kleine Beispiel zeigt, dass man zielgruppengenaue Zusatzregeln braucht.

Beispiel aus der Praxis: Nehmen wir an, Sie möchten einen Fachtext vereinfachen, der Redewendungen enthält. Sie haben alle Grundregeln beachtet und fragen sich nun, wie Sie mit Redewendungen umgehen sollen.

Unterschiedliche Zielgruppen brauchen einen unterschiedlichen Umgang mit Redewendungen. Redewendungen enthalten eine wörtliche und eine übertragene Bedeutung. Das Verstehen setzt nicht nur die Kenntnis der wörtlichen Bedeutung voraus, sondern auch das kulturelle Hintergrundwissen.

Wer in Deutschland aufgewachsen ist, weiß normalerweise, dass „grün hinter den Ohren" „unerfahren" bedeutet. Würden Sie aber jemandem, der in England aufgewachsen ist, sagen, er sei „green behind the ears", würde die Person verstehen, dass sie grüne Farbe hinter den Ohren hat. Im Englischen wird „grün hinter den Ohren" eher mit „to be half-baked" (halbgebacken sein) formuliert. Wenn jemand über das dazugehörige Weltwissen nicht verfügt (siehe oben), wird er/sie den Satz nicht (richtig) verstehen.

Wer verständlich und ästhetisch ansprechend kommunizieren möchte, muss damit sowohl die für alle Menschen geltenden Grundregeln als auch die zielgruppenrelevante Zusatzregeln beachten.

§

1

Erste Grundregel: Benutzen Sie geläufige Wörter

Benutzen Sie geläufige Wörter. Entscheiden Sie sich für Wörter, die durch häufigen Gebrauch allgemein bekannt, vertraut und üblich sind. Vermeiden Sie alte, selten benutzte und regional oder dialektisch gefärbte Wörter. Bleiben Sie dabei inhaltlich klar, sprachlich korrekt und ästhetisch ansprechend!

1. Ampel der Einfachen Sprache:

geläufig	eher geläufig	neutral	eher ungeläufig	ungeläufig

Ampel der Einfachen Sprache für die Wortwahl

2. Begründung:

Jeder Gedanke im Kopf – egal wie klein oder groß, seriös oder albern – hat eine eigene Sprach-Ampel. Wir können unsere Gedanken mit ultraleichten Wörtern aufs Papier bringen, oder mit hochkomplizierten Begriffen und Konstrukten (siehe die Beispiele weiter unten).

Die tatsächlich gesprochenen oder geschriebenen Wörter sind im alltäglichen Sprachgebrauch unterschiedlich geläufig. Ebenso ist es für Bilder, Zeichnungen, Farben und alles andere, was etwas aussagt. Geübte Übersetzer verwenden diese Matrix-Ampel oben in Sekundenschnelle, um *das* Wort auszuwählen, das die jeweilige Zielgruppe am besten anspricht oder das sie am ehesten kennt.

Diese Regel betrifft somit den Kern der Einfachen Sprache. Sie hat Vorrang gegenüber den anderen Regeln, sollte es zu einem Regelkonflikt kommen.

Schauen wir uns zum Beispiel unsere Wörter an: Wir benutzen die einzelnen Wörter des Wortschatzes unterschiedlich häufig. Es ergibt sich hieraus eigentlich eine simple Regel: je seltener ein Wort im Sprachgebrauch vorkommt, desto schwieriger ist es.

Geläufige Wörter fördern das Verstehen und bauen zusätzlich eine emotionale Bindung zum Leser und Hörer auf. „Er spricht meine Sprache" = „Er weiß, wie es mir geht" → „Er interessiert sich für mein Anliegen".

Ungeläufige Wörter oder Fachwörter haben den Vorteil, dass sie dem Hörer und Leser zeigen können, wie belesen Sie sind. Häufen sich aber ungeläufige Wörter in einem Gespräch oder Text, schreckt dies sowohl Laien als auch Experten ab. Laien verstehen den Inhalt nicht. Unsere beabsichtigte Botschaft kommt dadurch nicht an. Experten interpretieren häufig mehr hinein, als wir meinen.

Das heißt, dass Sie Wörter benutzen sollten, die häufig benutzt werden und möglichst viele Menschen „da draußen" kennen. Man muss kein Migrant oder Tourist sein, um Schwierigkeiten mit Begriffen wie „Personenvereinzelungsanlage", „Raumübergreifendes Großgrün" oder „Mitwirkungspflicht" zu haben. Auch in Deutschland geborene und aufgewachsene Menschen verstehen manche Begriffe gar nicht.

Solche wenig bekannten Wörter stören den Lesefluss. Denn – ob wir wollen oder nicht – bei jedem unbekannten Begriff machen wir einen unfreiwilligen Stopp. Wir werden irritiert. Migranten und Touristen haben deutlich mehr Stopps und Irritationen.

3. Beispiele:

Hier sind einige Beispiele, deren Häufigkeitsrang wissenschaftlich belegt ist. Die Wörter in Grün kommen häufiger im Sprachgebrauch vor als die Wörter in Rot. Die Wörter in Grün sind daher einfacher und eher zu empfehlen als die bedeutungsgleichen in Rot. Es gibt viel mehr Möglichkeiten, den jeweiligen Gedanken auszudrücken. Die jeweiligen fünf Vorschläge sind nur beispielhaft gedacht.

1). Wir nehmen an, Sie arbeiten mit zugewanderten Menschen und wollen jemandem sagen, dass der Brief vom Amt *in Kürze* kommt. Der Zugewanderte weiß, was „Brief" und „kommen" bedeuten. Er weiß aber nicht, was das Wortgefüge „in Kürze" bedeutet. Sie schauen nach, mit welchem anderen Wort Sie die Bedeutung „in Kürze" ausdrücken können. Es bieten sich Wörter wie „demnächst", „in absehbarer Zeit", „bald" oder sogar „in Bälde" an. Doch diese Wörter werden unterschiedlich häufig benutzt. Die Ampel der Einfachen Sprache für die Bedeutung „in Kürze" ist:

geläufig	eher geläufig	neutral	eher ungeläufig	ungeläufig

bald	demnächst	in Kürze	in absehbarer Zeit	in Bälde

Ampel der Einfachen Sprache für den Gedanken „in Kürze" wie in „Der Brief kommt in Kürze"

2). Wir nehmen an, Sie beraten geflüchtete Menschen zum Thema Jobcenter. Sie haben gerade mit einem jungen Syrer einen Hartz-4-Antrag ausgefüllt. Sie wollen dem Syrer sagen, dass Sie sich darum kümmern, den Antrag abzusenden. Der junge Syrer weiß, was „Antrag" bedeutet. Er weiß aber nicht, was mit „absenden" gemeint ist. Die Ampel der Einfachen Sprache für „absenden" in diesem Fall ist:

senden	schicken	absenden	abschicken	aufgeben

Ampel der Einfachen Sprache für den Gedanken „absenden" wie in „Ich sende den Antrag ab"

3). Wir nehmen an, Sie arbeiten mit Touristen zusammen. Sie wollen einer finnischen Touristin, die ein wenig Deutsch spricht, ein Konzert empfehlen. Sie kennen das Konzert gut, weil sie es selber mal besucht haben. Sie erzählen der Touristin begeistert von Ihrem letzten Besuch. Dabei fällt der Satz: „Auf dem Konzert waren *unzählbare* Menschen". Die finnische Touristin versteht das Wort „unzählbar" nicht. Sie suchen nach Alternativen:

viele	eine große Menge	eine ganze Reihe	haufenweise	unzählbar/ en masse

Ampel der Einfachen Sprache für den Gedanken „unzählbar" wie in „Auf dem Konzert waren unzählbare Menschen"

4). Wir nehmen an, Sie arbeiten mit wohnungslosen Menschen zusammen. Eine ausländische Frau sitzt in Ihrem Büro mit einem Haufen Papier. Die Frau spricht nur gebrochenes Deutsch. Sie wollen der Person sagen, dass Sie sich die Unterlagen anschauen wollen und prüfen, ob sie vollständig sind. Die Ampel der Einfachen Sprache für „sich etwas anschauen" wäre:

kontrollieren	prüfen	sich etwas ansehen	durchforsten	eine Kontrolle durchführen

Ampel der Einfachen Sprache für den Gedanken „sich etwas anschauen" wie in „Ich schaue mir mal Ihre Unterlagen an"

5). Wir nehmen an, Sie arbeiten als Sozialassistentin und beraten einen Leistungsbezieher. Der Leistungsbezieher ist ein älterer Mann mit Muttersprache Deutsch. Der Mann kann jedoch weder Lesen, noch schreiben. Sie geben dem Mann einen Brief und sagen ihm, dass das Jobcenter die verhängten Sanktionen streichen würde, sobald er den Brief dort vorzeigt. Das Wort „streichen" hätte diese Sprach-Ampel:

| stoppen | beenden | streichen | ein Ende setzen | außer Kraft setzen |

Ampel der Einfachen Sprache für den Gedanken „streichen" wie in „Das Jobcenter streicht die Sanktionen, wenn Sie diesen Brief dort vorzeigen"

4. Tipps für die Praxis:

Tipp 1:

Jedes Wort ist Teil einer Häufigkeitsampel. Um Ampeln zu erstellen, müssen Sie sich vom eigentlichen, formalen Wort ablösen und sich dem Gedanken zuwenden, den Sie mit dem formalen Wort ausdrücken wollen. Um eine Ampel für einen Gedanken zu erstellen, müssen Sie viel mit Synonymen (bedeutungsgleichen Wörtern) arbeiten. Sie müssen regelrecht mit den Wörtern spielen.

Tipp 2:

Es gibt viele gute und kostenlose Quellen für Synonyme im Internet. Googeln Sie einfach danach.

Tipp 3:

Bei Ihrer Suche nach Alternativen für Wörtern können Ihnen einsprachige Wörterbücher (Deutsch-Deutsch), Wörterbücher des Grundwortschatzes oder Wörterbücher „Deutsch als Fremdsprache" gut helfen.

Tipp 4:

Es gibt verschiedene Wege, um zu prüfen, wie geläufig ein Wort ist. Eine wenig wissenschaftliche, aber schnelle Methode ist das Wort einfach zu googeln. Eine bessere Methode ist das Wortschatzportal der Universität Leipzig (www.wortschatz.uni-leipzig.de). Auch auf Duden online können Sie prüfen, wie häufig ein Wort im Sprachgebrauch vorkommt.

Tipp 5:

Im Umgang mit unbekannten oder schwierigen Begriffen haben Sie drei Möglichkeiten:
a. Sie streichen den Begriff ersatzlos. Voraussetzung hierfür ist, dass sich der Sinn nicht verfälscht.
b. Sie ersetzen den unbekannten Begriff durch einen geläufigeren.
c. Sie benutzen den Begriff, erklären ihn aber bei der ersten Verwendung mit leicht verständlichen Wörtern. Das können Sie entweder mit Klammern tun, mit Nebensätzen oder Sie erklären den Begriff gesondert am Ende des Dokuments oder als Fußnote. Falls Sie zu viele unbekannte Begriffe schreiben müssen, lohnt es sich, diese auf der Rückseite Ihres Schreibens aufzuführen. Das tun bereits viele Unternehmen erfolgreich.

5. Übungen

A   Ergänzen Sie die folgenden Ampeln der Einfachen Sprache. Folgen Sie dem Beispiel.

1. Sie arbeiten in einem Kindermuseum. Es geht um Naturwissenschaften. Sie sind gerade dabei, einen Erklärtext für ein Ausstellungsobjekt zu schreiben. Sie fragen sich, wie Sie folgenden Gedanken anders ausdrücken könnten: „Wir müssen unseren Planeten für die künftigen Generationen bewohnbar hinterlassen."

spätere	folgende/ kommende	künftige	zukünftige	fürderhin

Ampel der Einfachen Sprache für den Gedanken „künftig" wie in „Wir müssen unseren Planeten für die künftigen Generationen bewohnbar hinterlassen".

2. Sie arbeiten als Redakteurin bei einem Fernsehsender. Sie sind gerade dabei, die 8-Uhr-Nachrichten zu redigieren. Als es um die Lage in einem von Bürgerkrieg betroffenen Land geht, fällt dieser Satz: „Die gegenwärtige Lage ist mehr als schwierig".

aktuelle	....	gegenwärtige	....	....

Ampel der Einfachen Sprache für den Gedanken „gegenwärtig" wie in „Die gegenwärtige Lage ist mehr als schwierig".

3. Sie arbeiten in einer Ausländerbehörde an der Rezeption. Zu Ihnen kommen Menschen aus aller Welt. Ein Kunde, der kaum Deutsch spricht, wünscht sich eine Beratung. Sie möchten dem Kunden sagen, dass dies „im Augenblick" nicht möglich ist. Welche Alternativen für „im Augenblick" hätten Sie?

....	....	im Augenblick	....	justament

Ampel der Einfachen Sprache für den Gedanken „im Augenblick" wie in „Wir können Sie im Augenblick leider nicht beraten. Kein Mitarbeiter ist gerade frei".

4. Sie arbeiten in einer Gewerkschaft. Ein Handwerker fragt Sie nach Ihrer Kollegin. Sie möchten dem jungen Mann diesen Satz in einem „kollegialen Ton" sagen: „Haben Sie bitte etwas Geduld. Die Mitarbeiterin trifft gleich hier ein". Das Wort „eintreffen" erschein Ihnen viel zu förmlich. Wie würden Sie es ersetzen?

.... eintreffen/ ....
erscheinen

Ampel der Einfachen Sprache für den Gedanken „eintreffen" wie in „Habe bitte etwas Geduld.
Die Mitarbeiterin trifft gleich hier ein".

5. Sie arbeiten in einem international tätigen deutschen Unternehmen. Sie befinden sich gerade auf einer Dienstreise in China und lernen nebenbei Chinesisch. Eine junge chinesische Kollegin fragt Sie in falschem aber verständlichem Deutsch, ob die chinesische Sprache schwierig sei. Sie antworten mit: „O, ja. Chinesisch ist ausgesprochen schwierig." Die chinesische Frau fragt, was „ausgesprochen" bedeute. Wie würden Sie es anders sagen?

.... äußerst/ ....
ausgesprochen

Ampel der Einfachen Sprache für den Gedanken „ausgesprochen" wie in „Chinesisch ist
ausgesprochen schwierig".

B Ergänzen Sie die Ampeln. Schreiben Sie die Aussagen so, dass Sie die Wörter in Rot vermeiden. Folgen Sie dem Beispiel 1.

1. Nehmen wir an, Sie arbeiten als Lehrerin in einer Gesamtschule, in der viele Schülerinnen und Schüler Migrationshintergrund haben. Sie sind gerade dabei, einen Test für Ihre Schüler zu konzipieren. In Ihrem Test steht unter anderem die Aussage „Du darfst während der Prüfung Hilfsmittel verwenden". Sie wollen die Aussage neu formulieren.

Du darfst während der Prüfung Hilfsmittel benutzen.

Du darfst während der Prüfung Hilfsmittel einsetzen.

Du darfst während der Prüfung Hilfsmittel verwenden.

Du darfst während der Prüfung Hilfsmittel in Anspruch nehmen.

Du darfst während der Prüfung Hilfsmittel zum Einsatz bringen.

2. Sie arbeiten bei einem Sozialträger und sind zuständig für die Öffentlichkeitsarbeit. Sie wollen mit einem Text auf der Website Ihre Einrichtung vorstellen. Es kommt zu der Stelle, wo Sie die Themen vorstellen, mit denen sich Ihre Einrichtung befasst:

. . . .

. . . .

Wir beschäftigen uns mit unterschiedlichen Themen.

. . . .

. . . .

3. Sie begleiten eine arbeitslose, zugewanderte Person. Bei einem der Treffen fragt die Person Sie, ob sie ihre Unterlagen auch die nächsten Male mitbringen soll. Wie könnten Sie auf die Frage antworten, ohne das schwierige Wort „unentbehrlich" zu benutzen?

. . . .

. . . .

. . . .

. . . .

Ihre Unterlagen sind unentbehrlich für die weitere Beratung.

4. Sie arbeiten am Empfang des Jobcenters und sind gerade dabei, einer unangemeldeten Kundin Informationen zu geben. Es dauert viel länger als gedacht und der nächste Kunde wartet ungeduldig. Sie wollen der aktuellen Kundin sagen, dass Sie das Gespräch leider beenden müssen. Welche Alternativen hätten Sie?

. . . .

. . . .

. . . .

. . . .

Ich muss das Gespräch leider zum Ende bringen.

5. Sie arbeiten in einer Firma am Empfang. Ein Kunde kommt rein und fragt nach der Person, mit der er einen Termin hat. Sie schicken ihn daraufhin zum Warteraum im ersten Stock.

Gehen Sie in den ersten Stock. Dort wird ein Mitarbeiter Ihnen helfen.

. . . .

. . . .

. . . .

. . . .

6. Sie sind Psychotherapeutin. Ihnen gegenüber sitzt eine Patientin, die offensichtlich große Schwierigkeiten mit der deutschen Sprache hat. Nach einer Schweigepause fragt die Patientin mit Mimik, ob sie weitererzählen soll. Sie nicken und sagen:

Bitte machen Sie weiter.

....
....
....
....

7. Sie arbeiten in einer Bank. Eine ältere Frau fragt Sie, warum sie plötzlich kein Geld mehr abheben kann. Sie schauen nach und stellen fest, dass die Kundin kein Geld auf dem Konto hat. Sie teilen der Kundin folgendes mit: „Ihr Konto weist ein Guthaben in Höhe von Null Euro auf." Die Kundin versteht Sie nicht. Wie könnten Sie die Aussage umformulieren?

....
....
....
....

Ihr Konto weist ein Guthaben in Höhe von Null Euro auf.

8. Sie sind Ausbilder in einem kleinen Betrieb. Sie wollen einen jungen Mann ausbilden, dessen Deutsch noch nicht gut ist. Nach dem Kennenlernen am ersten Tag fragen Sie den jungen Mann, ob es losgehen kann.

....
....

Wollen wir anfangen?

....
....

9. Sie arbeiten auf einem Standesamt. Eine Kundin landet fälschlicherweise bei Ihnen. Für die Kundin ist ein anderes Standesamt zuständig. Wie können Sie der Kundin sagen, dass sie zum „Standesamt-Mitte" gehen soll? Sie könnten sagen: „Ich bin für Sie nicht zuständig. Bitte suchen Sie Standesamt-Mitte auf.", oder Sie sagen:

....
....

Ich bin für Sie nicht zuständig. Bitte suchen Sie Standesamt-Mitte auf.

....

....

10. Sie arbeiten als Lehrerin für Deutsch als Fremdsprache. Einer Ihrer Schüler lernt nicht genug. Sie wollen dem Schüler sagen, dass er sich mehr anstrengen soll, wenn er den Deutschtest bestehen will.

....

....

....

Wenn du den Test bestehen willst, musst du dich mehr anstrengen.

....

§

2

Zweite Grundregel: Benutzen Sie genaue und konkrete Wörter

Benutzen Sie genaue und konkrete Wörter. Vermeiden Sie allgemeine und abstrakte Wörter. Bleiben Sie dabei inhaltlich klar, sprachlich korrekt und ästhetisch ansprechend!

1. Ampel der Einfachen Sprache:

| 0 | 1 | 2 | 3 | 4+ |

Ampel der Einfachen Sprache für die Zahl abstrakter Begriffe pro Durchschnittssatz von 15 Wörtern
(Richtwerte)

2. Begründung:

Konkrete Begriffe (oder konkrete Namenwörter) bezeichnen Dinge, Lebewesen, Sachverhalte, Pflanzen und alles, was wir sehen, berühren und fühlen können. Beispiele für konkrete Begriffe sind: der Stift, der Hund, der Mensch, die Treppe und so weiter.

Abstrakte Begriffe bezeichnen hingegen Dinge, die wir nur denken und empfinden können. Es handelt sich um Wörter für Dinge, die wir nicht sehen oder anfassen können. Beispiele für abstrakte Begriffe sind: Mutwilligkeit, Tapferkeit, Stolz und so weiter.

Konkrete Begriffe gehören eher zum Grundwortschatz als abstrakte Begriffe. Im alltäglichen Sprachgebrauch ist man eher mit Dingen wie „Haus", „Auto" oder „Schuhe" konfrontiert als mit „Behausung", „Beförderung" oder „Bekleidung".

Konkrete Begriffe grenzen außerdem den Spielraum der Interpretation ein. Sie erzeugen Bilder in unseren Köpfen. Solche Wörter können Menschen daher eher im Gedächtnis speichern und abrufen als abstrakte Begriffe. Sie können sicher sein, dass alle Menschen schon einmal eine Treppe oder einen Stift gesehen haben. Aber, haben Sie schon mal „Stolz" oder „Durchführbarkeit" im Park angetroffen?

Je mehr Abstrakta Sie benutzen, desto langweiliger und schwerfälliger wirkt Ihr Text oder Ihre mündliche Information. Ihre Wörter scheitern daran, Bilder in den Köpfen der Leser und Hörer zu erzeugen.

Eine gute Romanautorin oder ein guter Romanautor würde niemals schreiben: „Paul war voller Trauer." Bestseller-Autoren schreiben eher: „Tränen flossen Pauls Gesicht hinunter".

In diesem Fall ist der erste Satz nicht nur langweiliger als der zweite. Im ersten Satz weiß man sogar nicht, ob die innere Trauer gemeint ist, oder das, was davon sichtbar ist. Im zweiten Satz erfährt man beides gleichzeitig. Man stellt sich vor, wie die Träne das Gesicht hinunterfließt.

Im Text oder Gespräch lassen sich abstrakte Begriffe leicht identifizieren. Typisch für abstrakte Begriffe ist die Tatsache, dass sie oft auf folgenden Silben enden:

„-heit": Hohheit, Beliebtheit, Sicherheit
„-keit": Durchführbarkeit, Gründlichkeit, Empfindlichkeit
„-ung": Schaffung, Förderung, Untersuchung
„-schaft": Leserschaft, Studierendenschaft,
„-tion": Intention, Manifestation, Variation
„-ion": Desillusion, Suspension, Enumeration
„-nis": Bildnis, Finsternis, Bekenntnis
„-tum": Rittertum, Wachstum, Schmarotzertum
„-tät": Intentionalität, Praktizitabilität, Kapazität

Denken Sie daran: Ihre Botschaft wird mit Sicherheit ankommen, wenn Sie sich konkret ausdrücken.

3. Beispiele:

1). Nehmen wir an, Sie sind eine oppositionelle Politikerin und halten gerade eine öffentliche Rede. Sie wollen die Regierung für die Bewaffnung von Rebellen kritisieren. Der Kern Ihrer Aussage lautet: „Die Bewaffnung der Rebellion erwies sich als keine gute Idee." Wie könnten Sie diese Original-Aussage einfacher, konkreter und lebendiger formulieren? Hier sind fünf Vorschläge:

Die Bewaffnung der Rebellion erwies sich als keine gute Idee.	→	Rebellen Pistolen und Kalaschnikows zu geben war eine schlechte Idee.
	→	Rebellen zu bewaffnen war eine schlechte Idee.
	→	Rebellen Waffen in die Hände zu drücken war keine gute Idee.
	→	Rebellen Waffen auszuhändigen war keine gute Idee.
	→	Die Bewaffnung der Rebellion erwies sich als keine gute Idee.

2). Nehmen wir an, Sie bilden junge Journalistinnen und Journalisten aus. Bei einem der praktischen Workshops geht es darum, gemeinsam einen Leitfaden zu entwickeln. Einer der engagierten Auszubildenden schlägt einfaches Schreiben vor und begründet: „Durch einfaches Schreiben erfahren Sie Dankbarkeit von Ihrer Leserschaft." Die Aussage ist inhaltlich einwandfrei. Sprachlich betrachtet klingt sie jedoch mehr als langweilig. Wie könnten Sie diese Original-Aussage umformulieren? Hier sind fünf Vorschläge:

Durch einfaches Schreiben erfahren Sie Dankbarkeit von Ihrer Leserschaft.	→	Ihre Leser danken Ihnen, wenn Sie einfach schreiben.
	→	Wenn Sie einfach schreiben, danken Ihnen Ihre Leserinnen und Leser.
	→	Ihre Leserinnen und Leser werden es Ihnen danken, sollten Sie einfach schreiben.
	→	Durch einfaches Schreiben bekommen Sie Dankbarkeit von Ihren Leserinnen und Lesern.
	→	Durch einfaches Schreiben erfahren Sie Dankbarkeit von Ihrer Leserschaft.

3). Nehmen wir an, Sie sind Augenarzt. Im Rahmen einer Untersuchung müssen Sie einem Patienten diesen fachlich klingenden Satz sagen: „Pupillenerweiterung erfolgt bei Finsternis." Wie könnten Sie diese Aussage so umformulieren, dass Sie weniger abstrakte Wörter benutzen? Hier sind fünf Vorschläge:

Pupillenerweiterung erfolgt bei Finsternis.	→	Die Pupillen werden größer, wenn es dunkel wird.
	→	Die Pupillen erweitern sich, wenn es dunkel wird.
	→	Die Pupillen erweitern sich, wenn es finster wird.
	→	Pupillen erweitern sich bei Finsternis.
	→	Pupillenerweiterung erfolgt bei Finsternis.

4). Nehmen wir an, Sie arbeiten in einem Immobilienunternehmen und sind zuständig für das monatliche Magazin. In einem der Artikel über sinkende Immobilienpreise wollen Sie die folgende inhaltliche Aussage sprachlich umkrempeln: „Aufgrund der gegenwärtigen Politik der Banken erleiden Wohnimmobilien eine preisliche Abwertung." Wie könnten Sie diese Aussage so umformulieren, dass Sie weniger abstrakte Wörter benutzen? Hier sind fünf Vorschläge:

Aufgrund der gegenwärtigen Politik der Banken erleiden Wohnimmobilien eine preisliche Abwertung.	→	Die Politik der Banken macht aktuell Häuser und Wohnungen billiger.
	→	Die aktuelle Politik der Banken führt zu billigeren Wohnungen und Häusern.
	→	Häuser und Wohnungen werden immer billiger. Grund dafür ist die Politik der Banken.
	→	Wegen der gegenwärtigen Politik der Banken werden Wohnimmobilien preislich abgewertet.
	→	Aufgrund der gegenwärtigen Politik der Banken erleiden Wohnimmobilien eine preisliche Abwertung.

5). Nehmen wir an, Sie arbeiten in einem Fitness-Studio. In einer Ihrer Beratungen erklären Sie einer Person, die nicht gut Deutsch spricht, die Vorteile von Sport. Das Fachbuch sagt: „Ihre Fitness wird durch Freizeitbewegung gesteigert". Sie finden die Aussage abgedroschen und wollen sie prägnanter machen. Wie könnten Sie diese Aussage anders formulieren? Hier sind fünf Vorschläge:

Ihre Fitness wird durch Freizeitbewegung gesteigert	→	Sport macht Sie fitter.
	→	Sie müssen sich viel bewegen. So werden Sie fitter.
	→	Damit Sie fitter werden, müssen Sie sich in Ihrer Freizeit viel bewegen.
	→	Freizeitbewegung steigert Ihre Fitness.
	→	Um die Fitness Ihres Körpers zu steigern, müssen Sie viel Freizeitbewegung betreiben.

4. Tipps für die Praxis:

Tipp 1:

Ob ein Begriff konkret oder abstrakt ist, erkennen Sie mit mindestens zwei Methoden:

1. Wenn das Wort eine Endung wie „–heit", „–schaft", „–keit", „–ung", „–tion", „–ion", „–tät", „–nis", oder „–tum" hat.
2. Wenn sich das, was das Wort bedeuten soll, durch Malen oder Pantomime schwer darstellen lässt.

Tipp 2:

Das Allgemeine und Abstrakte lässt sich mithilfe von Beispielen lebendiger und verständlicher ausdrücken:

Der Besitz von Immobilien... → Der Besitz von Immobilien, wie Häusern oder Wohnungen...

Der Besitz von Häusern, wie Einfamilienhäusern oder Mehrfamilienhäusern...

Tipp 3:

Das Weltwissen ist weitestgehend kategorisierbar. Für jeden Begriff gibt es mindestens einen Oberbegriff und einen Unterbegriff. Benutzen Sie diese Varianten, damit Sie konkreter und treffender sind:

Oberbegriff:		Begriff:		Unterbegriff:
Immobilie	→	Haus	→	Einfamilienhaus, Mehrfamilienhaus etc.
Bekleidung	→	Hose	→	Aladinhose, Karottenhose, Strumpfhose etc.
Werkzeug	→	Hammer	→	Klauenhammer, Schonhammer, Fäustel etc.

A   Nennen Sie jeweils fünf Unterbegriffe. Folgen Sie dem Beispiel 1.

1).

Kleidung

| 1: Jeans | 2: Bluse | 3: Hose | 4: Schuhe | 5: Unterwäsche |

2).

Getränke

| 1: . . . . | 2: Bier | 3: . . . . | 4: . . . . | 5: Milch |

3).

Sportarten

| 1: . . . . | 2: . . . . | 3: Tennis | 4: . . . . | 5: . . . . |

4).

Tiere

| 1: . . . . | 2: . . . . | 3: . . . . | 4: . . . . | 5: Pferd |

5).

Bäume

| 1: . . . . | 2: Kastanienbaum | 3: . . . . | 4: . . . . | 5: . . . . |

6).

Deutsche Begrüßungsformeln

| 1: . . . . | 2: . . . . | 3: . . . . | 4: . . . . | 5: . . . . |

7).

Öffentliche Verkehrsmittel

| 1: . . . . | 2: . . . . | 3: . . . . | 4: . . . . | 5: . . . . |

8).

Gewässer

1: . . . .   2: . . . .   3: . . . .   4: . . . .   5: . . . .

9).

Modalverben

1: . . . .   2: . . . .   3: . . . .   4: . . . .   5: . . . .

10).

Bewerbungsunterlagen

1: . . . .   2: . . . .   3: . . . .   4: . . . .   5: . . . .

B   Nennen Sie Beispiele für diese Endungen.

-heit: 1: . . . .   2: . . . .   3: . . . .   4: . . . .

-keit: 1: . . . .   2: . . . .   3: . . . .   4: . . . .

-ung: 1: . . . .   2: . . . .   3: . . . .   4: . . . .

-schaft: 1: . . . .   2: . . . .   3: . . . .   4: . . . .

-tion: 1: . . . .   2: . . . .   3: . . . .   4: . . . .

-ion: 1: . . . .   2: . . . .   3: . . . .   4: . . . .

-nis: 1: . . . .   2: . . . .   3: . . . .   4: . . . .

-tum: 1: . . . .   2: . . . .   3: . . . .   4: . . . .

-tät: 1: . . . .   2: . . . .   3: . . . .   4: . . . .

Malen Sie Piktogramme/Zeichnungen für folgende Begriffe. Vergleichen Sie diese
gegebenenfalls mit Kollegen.

Einfamilienhaus:	Batterie:
Brille	Zuversicht:
Auto:	Fluss:
Mutwilligkeit:	Frommheit:

D Nennen Sie mindestens eine zusammenfassende Kategorie. Folgen Sie dem ersten Beispiel.

1	Tür	+	Fenster	+	Schornstein	+	Dach	→ Haus
2	Augen	+	Hände	+	Füße	+	Bauch	→ ....
3	Deutsch	+	Englisch	+	Französisch	+	Arabisch	→ ....
4	Iphone	+	Ipad	+	Macbook	+	Imac	→ ....
5	Wasser	+	Benzin	+	Olivenöl	+	Tränen	→ ....
6	Stuhl	+	Tisch	+	Sofa	+	Bett	→ ....
7	Volkswagen	+	Mercedes Benz	+	Opel	+	Audi	→ ....

E Nennen Sie jeweils vier konkrete Beispiele für diese Unterkategorien von „Musik"

Musikinstrumente	Instrumentalisten	Musikstile	Orte
Saxofon	Pianist	Jazz	Club
....	....	....	....
....	....	....	....
....	....	....	....
....	....	....	....

§

3

Dritte Grundregel: Benutzen Sie kurze Wörter

Benutzen Sie kurze Wörter. Nehmen Sie lange Wörter auseinander oder ersetzen Sie sie durch bedeutungsähnliche, kürzere Wörter. Bleiben Sie dabei inhaltlich klar, sprachlich korrekt und ästhetisch ansprechend!

1. Ampel der Einfachen Sprache:

| 1–7 | 8–12 | 13–16 | 17–21 | 22+ |

Ampel der Einfachen Sprache für die Länge eines Wortes (Anzahl der Buchstaben pro Wort)
(Richtwerte)

2. Begründung:

Neben der Worthäufigkeit und der Wortbekanntheit spielt die Wortlänge eine wichtige Rolle dabei wie verständlich ein Text ist. Wissenschaftlerinnen und Wissenschaftler nehmen vor allem Wortlänge und Satzlänge als Grundlagen, um zu untersuchen, ob eine Sprache leicht oder schwer verständlich ist. Alle Untersuchungen zeigen dabei, dass die Verständlichkeit abnimmt je länger Wörter und Sätze sind.

Lange Wörter sind ein Markenzeichen des Deutschen. Im Vergleich zu Englisch oder Französisch sind deutsche Wörter deutlich länger. Ein Grund hierfür ist, dass wir in der deutschen Sprache viele zusammengesetzte Wörter (Komposita) haben.

Menschen mit Leseschwäche oder Menschen, für die Deutsch eine Fremdsprache ist, haben ein besonderes Problem mit zusammengesetzten Wörtern. Für sie ist es oft nicht klar, wo die einzelnen Segmente (zum Beispiel bei Kindergartenerzieherinnen) anfangen und wo sie enden.

Ein weiteres Problem ist die Bedeutung: Wir nehmen zum Beispiel eine Creme zum Hautschutz. Wir schützen also unsere Haut. Doch wie ist es mit „Mückenschutz"? Wollen wir damit die Mücken schützen? Ähnlich ist es bei Kinderschutz und Unfallschutz.

Deshalb ist es zu empfehlen, dass Sie möglichst kurze Wörter schreiben. Denn je kürzer Ihre Wörter sind, desto verständlicher sind Ihre Texte und Ihre mündliche Kommunikation.

Winston Churchill, Träger des Nobelpreises für Literatur, war ein Freund kurzer Wörter. Er sagte einmal: „Kurze Wörter sind die besten und die alten Wörter, wenn kurz, sind die allerbesten." Mit „alten" Wörtern sind ursprüngliche Wörter gemeint. Es sind konkrete Wörter des Alltags, die es schon immer gab. Beispiele hierfür sind: Milch, Haus, Fluss, Tür, Stein, Wasser, Auge. Solche Wörter sind Jahrhunderte alt und begegnen uns Tag für Tag. Jeder kennt sie.

3. Beispiele:

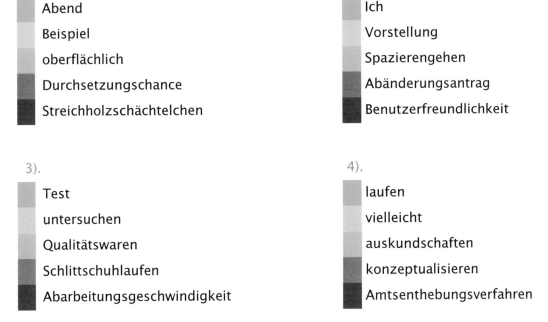

1).

- Abend
- Beispiel
- oberflächlich
- Durchsetzungschance
- Streichholzschächtelchen

2).

- Ich
- Vorstellung
- Spazierengehen
- Abänderungsantrag
- Benutzerfreundlichkeit

3).

- Test
- untersuchen
- Qualitätswaren
- Schlittschuhlaufen
- Abarbeitungsgeschwindigkeit

4).

- laufen
- vielleicht
- auskundschaften
- konzeptualisieren
- Amtsenthebungsverfahren

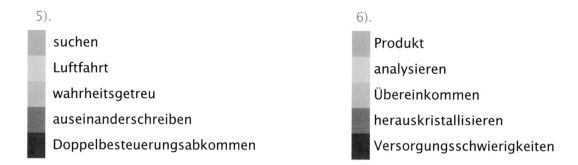

5).

- suchen
- Luftfahrt
- wahrheitsgetreu
- auseinanderschreiben
- Doppelbesteuerungsabkommen

6).

- Produkt
- analysieren
- Übereinkommen
- herauskristallisieren
- Versorgungsschwierigkeiten

4. Tipps für die Praxis:

Tipp 1:

Viele lange Wörter lassen sich durch andere, kürzere ersetzen. Eine lange „Herausforderung" ist oft ein kurzes „Problem". Eine lange „Personenvereinzelungsanalage" ist nichts weiter als ein kurzes „Drehkreuz" oder eine noch kürzere „Drehtür". Mit „überprüfen" ist oft einfach nur „prüfen" gemeint. Und wenn man nicht das ganze Konstrukt austauschen kann, so können manchmal zumindest Teile davon vereinfacht werden. In solchen Fällen wird zum Beispiel aus „ein Angebot unterbreiten" einfach „ein Angebot machen".

Tipp 2:

a) Feste Verb-Nomen-Verbindungen lassen sich oft durch ein einziges Wort ersetzen:

Kündigungsrecht ausüben	→	kündigen
zum Abschluss bringen	→	abschließen
Anklage gegen jemanden erheben	→	jemanden anklagen

b) Nicht selten lassen sich lange Komposita auseinandernehmen. Aus einem langen Wort werden mehrere kürzere Wörter:

Die Erhebungsdauer	→	Die Dauer der Erhebung
Die Abendvorstellung	→	Die Vorstellung am Abend
Der Unabhängigkeitskrieg	→	Der Krieg für die Unabhängigkeit

5. Übungen:

A Es gibt verschiedene Wege, um Komposita (zusammengesetzte Wörter) zu bilden. Schauen Sie sich die Beispiele an und nennen Sie eigene Beispiele.

Art des Kompositums	zusammen	getrennt
1. Nomen + Nomen	Villenviertel	Ein Viertel mit vielen Villen
2.		
3.		
4.		
5. Verb + Nomen	Verladebahnhof	Bahnhof zum Verladen
6.		
7.		
8.		
9. Adjektiv + Nomen	Gebrauchtwagen	Ein gebrauchter Wagen
10.		
11.		
12.		
13. Adverb + Nomen	Bruttoeinkommen	Das gesamte Einkommen
14.		
15.		
16.		

B Nehmen Sie diese zusammengesetzten Wörter auseinander.

1. Kirschentkerngerät → Gerät zum Entkernen von Kirschen
2. Tonbandgerät → ....
3. Kochbuch → ....
4. Esstischlampe → ....
5. elefantengroß → ....

C Es sind jeweils zwei Silben vertauscht. Wie heißen die Wörter richtig?

1. Fasenhuß → Hasenfuß
2. Dutterbose → ....

3. Wachtnanderung   → ....

4. Schonnensein   → ....

5. Gischfräte   → ....

6. Tochenwag   → ....

7. Bußfall   → ....

8. Hettungsrubschrauber → ....

9. Aedienungsbnleitung → ....

10. Wprachsissenschaftler → ....

D   Finden Sie die Basis der folgenden Komposita.

1.	-wehr	-alarm	-löscher	→ Feuer
2.	-uhr	-tapete	-regal	→ ....
3.	-arzt	-schuhe	-fassade	→ ....
4.	-wirtschaft	-tag	-zunge	→ ....
5.	-heim	-arzt	-klinik	→ ....
6.	-fahrer	-unfall	-bahnhof	→ ....
7.	-platz	-haus	-scheibe	→ ....
8.	-umstellung	-lupe	-reisen	→ ....
9.	-tennis	-decke	-lampe	→ ....
10.	-buch	-nummer	-zelle	→ ....

E   Hängen Sie jeweils drei unterschiedliche Wörter an. Vergleich Sie Ihre Ergebnisse gegebenenfalls mit denen Ihrer Kollegen.

1.	Post-	→ Postkarte	Poststempel	Postbote
2.	Schlüssel-	→	....	....
3.	Schul-	→	....	....
4.	Wunsch-	→	....	....
5.	Muster-	→	....	....
6.	Kino-	→	....	....
7.	Reifen-	→	....	....
8.	Seiten-	→	....	....
9.	Wetter-	→	....	....
10.	Sommer-	→	....	....

§

4

Vierte Grundregel: Vermeiden Sie Füllwörter

Vermeiden Sie Füllwörter und Worthülsen. Streichen Sie sie oder reduzieren Sie sie auf ein Minimum. Bleiben Sie dabei inhaltlich klar, sprachlich korrekt und ästhetisch ansprechend!

1. **Ampel der Einfachen Sprache:**

| 0 | 1 | 2 | 3 | 4+ |

Ampel der Einfachen Sprache für Füllwörter pro Durchschnittssatz von 15 Wörtern
(Richtwerte)

2. Begründung:

Experten nennen sie auch Worthülsen, Weichmacher oder Sprachmarotten. Ein Füllwort ist ein Wort mit geringem Aussagewert. Das Füllwort ist für das Verständnis des Kontextes nicht notwendig. Es hat oft eine „schmückende" Funktion. Bekannte Beispiele für Füllwörter sind „ja", „also" und „gar".

Füllwörter entwerten Ihren Text und Ihre mündliche Information. Solche Wörter nehmen die Spannung heraus und machen aus einem prägnanten Text einen unverbindlichen Wortbrei. Sie umhüllen die klare Aussage mit Nebel und blasen den Text unnötig auf.

Wollen Sie eine klare, in Erinnerung bleibende Aussage treffen, vermeiden Sie Füllwörter. Lassen Sie Ihren Text aussagekräftig, schlank und klar bleiben.

Das bekannte Zitat des römischen Staatsmannes und Feldherren Gaius Julius Caesar lautet: „Ich kam, ich sah, ich siegte" („veni, vidi, vici"). Sie lautet nicht etwa: „Also; Zuerst kam ich, und, nachdem ich wohl gesehen habe, siegte ich gar". Dieser Satz wäre niemandem in Erinnerung geblieben. Die meisten berühmten Zitate sind kurz und prägnant.

Sie müssen nicht ständig Zitate schreiben. Denken Sie nur daran, dass Füllwörter Ihrem Text keinen Mehrwert geben. Ganz im Gegenteil; Füllwörter machen den Text sowohl schwerer zu verstehen, als auch „schwammig".

3. Beispiele:

1). Nehmen wir an, Sie arbeiten als Beraterin oder Berater in einer Bank. In einem Beratungsgespräch beschwert sich eine Kundin beiläufig über eine unverständliche Broschüre der Bank. Sie sehen es ein und geben zu: „Sie haben Recht. Was soll ich sagen, die Broschüre ist halt tatsächlich leider keine allzu große Hilfe." Wie könnten Sie diese Aussage prägnanter formulieren? Hier sind fünf Vorschläge:

Sie haben Recht. Was soll ich sagen, die Broschüre ist halt tatsächlich leider keine allzu große Hilfe.	→	Sie haben Recht. Die Broschüre hilft nicht.
	→	Sie haben Recht. Die Broschüre ist keine große Hilfe.
	→	Sie haben Recht. Die Broschüre ist leider keine große Hilfe.
	→	Sie haben Recht. Was soll ich sagen, die Broschüre ist keine allzu große Hilfe.
	→	Sie haben Recht. Was soll ich sagen, die Broschüre ist halt tatsächlich leider keine allzu große Hilfe.

2). Nehmen wir an, Sie leiten einen Workshop zum Thema Einfache Sprache. Eine Workshop-Teilnehmerin fragt Sie nach Ihrer Meinung zu „Füllwörtern". Sie werden wahrscheinlich nicht diesen Satz sagen: „Sagen wir es mal so: Füllwörter sagen in der Regel gar nichts aus." Sie wollen eine Aussage mit möglichst wenigen Füllwörtern treffen. Hier sind fünf Vorschläge:

Sagen wir es mal so: Füllwörter sagen in der Regel gar nichts aus.	→	Füllwörter sagen nichts aus.
	→	Füllwörter sagen oft nichts aus.
	→	Füllwörter sagen in der Regel gar nichts aus.
	→	Sagen wir es mal so: Füllwörter sagen in der Regel gar nichts aus.
	→	Sagen wir es nun doch lieber mal so: Füllwörter sagen in der Regel so gut wie gar nichts Wirkliches aus.

3). Nehmen wir an, Sie sind Elektrikerin oder Elektriker und haben eine eigene Website. Sie sind gerade dabei, Ihre Website zu überarbeiten. Sie könnten schreiben: „Neben Wohnungstüren reparieren wir übrigens natürlich auch immer wieder gern Garagentore." Sie wissen aber, dass eine solche Aussage wenig aussagekräftig ist. Sie suchen nach Alternativen. Hier sind fünf Vorschläge:

Neben Wohnungstüren reparieren wir übrigens natürlich auch immer wieder gern Garagentore.	→	Wir reparieren Türen von Wohnungen und Garagen.
	→	Wir reparieren sowohl Wohnungstüren als auch Garagentore.
	→	Neben Wohnungstüren reparieren wir auch gern Garagentore.
	→	Neben Wohnungstüren reparieren wir übrigens gern auch Garagentore.
	→	Neben Wohnungstüren reparieren wir übrigens natürlich auch immer wieder gern Garagentore.

4). Nehmen wir an, Sie beraten Migrantinnen und Migranten, die sich selbstständig machen möchten. Sie könnten die zugewanderte Person fragen: „Haben Sie einen ausgearbeiteten Plan, oder haben Sie sich vielleicht doch lediglich nur Notizen gemacht?", oder Sie suchen nach einfacheren Aussagen. Hier sind fünf Vorschläge:

Haben Sie einen ausgearbeiteten Plan, oder haben Sie sich vielleicht doch lediglich nur Notizen gemacht?	→	Haben Sie Notizen oder einen Plan?
	→	Haben Sie nur Notizen, oder schon einen fertigen Plan?
	→	Haben Sie einen Plan gemacht, oder einfach nur Notizen geschrieben?
	→	Haben Sie einen Plan angefertigt, oder vielleicht doch nur Notizen gemacht?
	→	Haben Sie einen ausgearbeiteten Plan, oder haben Sie sich vielleicht doch lediglich nur Notizen gemacht?

5). Nehmen wir an, Sie sind ein Job-Coach und machen gerade mit Ihren ausländischen Klientinnen und Klienten eine Gruppenberatung. Bei einer der Übungen zeigen Sie der Gruppe das Foto eines bekannten deutschen Managers. Sie fragen die Gruppe: „Sicherlich kennt ihn doch irgendeiner von euch, oder?" Die Klientinnen und Klienten verstehen Sie nicht ganz. Sie als Coach suchen automatisch nach einer neuen Formulierung. Hier sind fünf Vorschläge:

Sicherlich kennt ihn doch irgendeiner von euch, oder?	→	Wer von euch kennt ihn?
	→	Kennt ihn vielleicht jemand von euch?
	→	Sicherlich kennt ihn jemand von euch, oder?
	→	Sicherlich kennt ihn doch irgendeiner von euch, oder?
	→	Sicherlich kennt ihn bestimmt doch irgendeiner von euch, oder etwa doch nicht?

4. Tipps für die Praxis:

Tipp 1:

Es ist üblich, dass sich Füllwörter in die Rohfassung des Textes einschleichen. Schreiben Sie Ihren Text, ohne auf Füllwörter zu achten. Gehen Sie dann mit einem Rotstift über den Text und schauen Sie nach, auf welche Wörter Sie verzichten können.

Tipp 2:

Wenn Sie online unterwegs sind, beachten Sie, dass Google bei der Websuche die Füllwörter ignoriert. Füllwörter wegzulassen erhöht somit die Wahrscheinlichkeit, dass Ihre Texte im Internet gefunden werden.

Tipp 3:

Für die Profi-Schreiber: Es gibt Software-Programme wie „Papyrus", die bei großen Datenmengen genau berechnen können, wie viele Füllwörter sich in Ihrem Text eingenistet haben.

Tipp 4:

Füllwörter gibt es auch in Dialekten zu hören. Beispiele sind:
in Berlinerisch: „sag ich mal" oder „sag ick mal".
in Wienerisch: „sozusagen"
in Schweizer-Deutsch: „oddrr".

Tipp 3:
Top-Kandidaten für Füllwörter

anscheinend	eh	freilich	grundsätzlich	in gewisser Weise
ausnahmslos	eigentlich	ganz gewiss	gänzlich	infolgedessen
augenscheinlich	einfach	ganz und gar	halt	inzwischen
ausdrücklich	einigermaßen	gar	hervorragend	irgend
bei weitem	einmal	gelegentlich	hier und da	irgendwann
besonders	endlich	genau	ich glaube	irgendwie
bestimmt	etwa	gerade	ich sage mal	irgendwo
bloß	etwas	geradezu	im Prinzip	ja
demgegenüber	fast	gesagt	immer	jede
denn	folgendermaßen	gewiss	in Wahrheit	kaum
eben	fortwährend	gewissermaßen	in der Regel	keinesfalls
echt	fraglos	gewöhnlich	in etwa	keineswegs
letzten Endes	nicht wahr	praktisch	sonst	weitgehend
letztendlich	nichtsdestotrotz	regelrecht	sozusagen	wenigstens
mal	nichtsdestoweniger	relativ	unbedingt	wieder
man könnte sagen	nie	ruhig	ungefähr	wieder einmal
manchmal	niemals	schon	unlängst	wirklich
mehrere	normalerweise	sehr	unsinnige	wohl
meist	nun	selbstredend	ursprünglich	ziemlich
meistenteils	nur	seltsamerweise	vergleichsweise	zugegeben
mutmaßlich	offenbar	sicher	vielfach	zweifellos
möglicherweise	offenkundig	sicherlich	vielleicht	zweifelsohne
nachhaltig	oft	sogar	vollkommen	überhaupt
natürlich	ohne Zweifel	sogleich	wahrscheinlich	übrigens

5. Übungen:

A Schreiben Sie fünf aufgeblähte Sätze. Benutzen Sie in jedem Satz zwei unterschiedliche Füllwörter aus der Liste. Folgen Sie dem ersten Beispiel.

a. anscheinend	e. einfach	i. irgendwie	m. im Prinzip
b. vielleicht	f. besonders	j. schon	n. regelrecht
c. ja	g. grundsätzlich	k. eigentlich	o. sozusagen
d. halt	h. ganz und gar	l. nun	p. bestimmt

1. → Sie ist halt eine regelrecht ausgezeichnete Mitarbeiterin.
2. → . . . .
3. → . . . .
4. → . . . .
5. → . . . .
6. → . . . .

B Streichen Sie die Füllwörter. Folgen Sie dem ersten Beispiel.

1. Sie ist einfach gut in dem, was sie tut. → Sie ist gut in dem, was sie tut.

2. Ich weiß irgendwie nicht, wie ich dieses Problem lösen soll. → . . . .

3. Er ist ja genau genommen nicht der richtige für den Job. → . . . .

4. Herr Müller arbeitet inzwischen leider nicht mehr hier. → . . . .

5.
   Ich glaube, die Phase der Antragstellung konnten wir eigentlich praktisch relativ gut überstehen. → . . . .

6. Grundsätzlich sind wir in diesem Zusammenhang bestimmt ausnahmslos für die Beschaffung, nur leider sind wir inzwischen gewissermaßen irgendwie relativ uninformiert was die Richtlinien anbelangt. → . . . .

§

5

Fünfte Grundregel: Vermeiden Sie Abkürzungen

Vermeiden Sie Abkürzungen. Schreiben Sie Abkürzungen aus oder erklären Sie sie bei der ersten Anwendung. Bleiben Sie dabei inhaltlich klar, sprachlich korrekt und ästhetisch ansprechend!

1. Ampel der Einfachen Sprache:

| 0 | 1 | 2–3 | 4–7 | 8+ |

Ampel der Einfachen Sprache für Zahl der Abkürzungen pro Absatz von 100 Wörtern
(Richtwerte)

2. Begründung:

Abkürzungen stehen ganz oben in der Liste der Dinge, die Leserinnen und Leser abschrecken. Bereits eine einzige Abkürzung, mit der der Leser nichts anfangen kann, kann Ihren ganzen Text alt aussehen lassen. Eine schwer zu entziffernde Abkürzung an einer prominenten Stelle, lässt den Leser ratlos zurück.

Hinzukommt, dass viele Abkürzungen je nach Kontext Unterschiedliches bedeuten können. Die Abkürzung „EG" hat über dreißig Bedeutungen.

Neben „Erdgeschoss" und „Europäische Gemeinschaft" steht „EG" auch für „Erwägungsgrund", „Entgeltgruppe", „Ägypten (Englisch: Egypt)" und vieles mehr.

Einige Abkürzungen sind so selten, dass kaum jemand „da draußen" mit ihnen etwas anfangen kann. Oder wissen Sie, wofür „and.gen", „AhndG" oder „i.e.S" stehen?

3. Beispiele:

1). Nehmen wir an, Sie sind zuständig für die Öffentlichkeitsarbeit in einem großen Unternehmen. Sie sind gerade dabei, einen Leitfaden für Praktikantinnen und Praktikanten Ihres eigenen Bereichs zu erstellen. Weil Ihnen das Problem mit den Abkürzungen bekannt ist, würden Sie nicht diesen Satz schreiben: „I. A. wirken eine Abk. o. Ä abschreckend." Sie greifen vielmehr auf einen „grünen" Satz zurück:

I. A. wirken eine Abk. o. Ä abschreckend.	→	Abkürzungen schrecken ab.
	→	Normalerweise schrecken Abkürzungen oder ähnliche Dinge ab.
	→	Im Allgemeinen wirken eine Abkürzung oder ähnliches abschreckend.
	→	I. A. wirken eine Abk. o.Ä. abschreckend.
	→	I.A. erzeugen Abk. o.Ä. eine abschreckende Wirkung.

2). Nehmen wir an, Sie arbeiten beim Amt für Straßen und Verkehr. Sie sind gerade dabei, das Amt in einem Text vorzustellen. Sie kommen an die Stelle, wo es um die Vergabe von Nummernschildern geht. Einen Satz wie „I. d. R. hat ein Kfz immer eine Nr." würde kein gutes Licht auf Ihren Text werfen. Hier haben Sie fünf Vorschläge:

I. d. R. hat ein Kfz immer eine Nr.	→	Ein Kfz (Kraftfahrzeug) hat immer eine Nummer.
	→	Normalerweise hat ein Kfz (Kraftfahrzeug) immer eine Nummer.
	→	In der Regel hat ein Kraftfahrzeug (Kfz) immer ein Nummernschild.
	→	I. d. R. hat ein Kfz immer eine Nr.
	→	I. d. R. verfügt ein Kfz immer über ein Schild, auf dem eine.Nr. verfasst ist.

3). Nehmen wir an, Sie führen gerade einen Workshop zum Thema Einfache Sprache durch. Sie wissen, dass man in der Einfachen Sprache den Wen-Fall (Akkusativ) dem Wem-Fall (Dativ) vorzieht. Wenn die Teilnehmerinnen und Teilnehmer keine Affinität für Linguistik haben, würden Sie auf dem White Board nicht diesen Satz schreiben: „In der E. S. zieht man den Akk. dem Dat. vor." Vielmehr spielen Sie mit diesen Optionen:

In der E. S. zieht man den Akk. dem Dat. vor.	→	In der Einfachen Sprache ist der Wen-Fall (Akkusativ) einfacher als der Wem-Fall (Dativ).
	→	In der Einfachen Sprache schreibt man den Wen-Fall (Akkusativ) lieber als den Wem-Fall (Dativ).
	→	In der Einfachen Sprache bevorzugt man den Wen-Fall (Akkusativ) gegenüber dem Wem-Fall (Dativ).
	→	In der E. S. zieht man den Akk. dem Dat. vor.
	→	In der E. S. wird dem Akk. gegenüber dem Dat. Vorrang geboten.

4). Nehmen wir an, Sie arbeiten in einem Jobcenter. Sie weisen in einem Brief eine Kundin darauf hin, dass Sie dem auszufüllenden Antrag Erläuterungen beigefügt haben. Wie würden Sie diese Aussage formulieren? Würden Sie schreiben: „Die mitgeschickten Erl. sind für Sie z. K."? Hier sind fünf Vorschläge:

Die mitgeschickten Erl. sind für Sie z. K.	→	Bitte beachten Sie die Erläuterungen. Ich habe sie Ihnen mitgeschickt.
	→	Bitte beachten Sie die Erläuterungen, die ich Ihnen mitgeschickt habe.
	→	Die mitgeschickten Erläuterungen habe ich Ihnen zur Kenntnisnahme mitgeschickt.
	→	Die mitgeschickten Erl. sind für Sie z. K.
	→	Die Ihnen mitgesch. Erl. sind für Sie z. K. gedacht.

5). Nehmen wir an, Sie sind gerade dabei, sich auf eine Stelle zu bewerben. Im Motivationsschreiben wollen Sie über frühere Tätigkeiten schreiben. Würden Sie diesen Satz in dieser Form schreiben: „I. d. Verg. war ich als Hiwi tätig."? Hier sind fünf Vorschläge:

I. d. Verg. war ich als Hiwi tätig.	→	Früher habe ich als Hilfswissenschaftler (Hiwi) gejobbt.
	→	Früher habe ich als Hiwi (Hilfswissenschaftler) gearbeitet.
	→	In der Vergangenheit (Verg.) war ich als Hiwi (Hilfswissenschaftler) tätig.
	→	In der Verg. war ich als Hiwi tätig.
	→	I. d. Vrg. war ich als Hiwi besch.

4. Tipps für die Praxis:

Tipp 1:

Sie können eine Abkürzung beim ersten Auftauchen im Text als Wort ausschreiben und die Abkürzung (Abk.) in Klammern dahinter setzen. Im übrigen Text können Sie dann nur noch die Abkürzung schreiben.

Tipp 2:

Sie können auf die Abkürzung ganz verzichten, wenn das Wort nur ein- oder zweimal im Text vorkommt.

Tipp 3:

Falls Sie viele Abkürzungen haben, können Sie am Ende des Textes eine Liste mit Abkürzungen und deren Bedeutungen erstellen. Große Unternehmen, die viele Abkürzungen nutzen, listen diese oft auf der Rückseite ihrer Briefe auf. Auch in wissenschaftlichen Texten und Fachtexten ist diese Praxis üblich.

Tipp 4:

Manche Abkürzungen wie LKW (Lastkraftwagen) oder USB (Universal Serial Bus) sind nur als solche bekannt. In diesen Fällen dürfen Sie die Abkürzung benutzen. Ich empfehle Ihnen trotzdem, diese bei der ersten Anwendung in Klammern auszuschreiben.

Tipp 5:

Wenn Sie beide Formen schreiben wollen (das ausgeschriebene Wort und die Abkürzung), schreiben Sie zunächst das geläufigere der beiden und setzen Sie das ungeläufigere in Klammern. Schreiben Sie: Ich habe einen LKW (Lastkraftwagen). Aber: Ich habe an der Briefwahl (Briefw.) teilgenommen.

Tipp 6:

Bedenken Sie, dass Abkürzungen je nach Kontext etwas komplett anderes bedeuten können.

Abkürzung		Kontext		Bedeutung
HG	→	Wohnen	→	Hausgemeinschaft
HG	→	Rechtsform	→	Handelsgesellschaft
HG	→	Justiz	→	Handelsgericht
HG	→	Kennzeichen bei Kraftfahrzeugen	→	Hochtaunuskreis (Bad Homburg)
HG	→	…	→	…

5. Übungen:

Wofür stehen diese Abkürzungen im Berufsalltag?

Abkürzung		Bedeutung im beruflichen Alltag
1. MfG	→	Mit freundlichen Grüßen
2. usw	→	....
3. asap	→	....
4. z. K.	→	....
5. ALG	→	....
6. AÜ	→	....
7. FK	→	....
8. GBR	→	....
9. i. Z. m.	→	....
10. i. V. m.	→	....

Diese Abkürzungen stehen für mehrere Bedeutungen. Schreiben Sie drei.

Abkürzung		Bedeutungen
1. TH	→	Thorium (Element)
	→	Thüringen
	→	Technische Hochschule
2. DE	→	....
	→	....
	→	....
3. ICE	→	....
	→	....
	→	....

4. IV → . . . .

→ . . . .

→ . . . .

5. HF → . . . .

→ . . . .

→ . . . .

C Wie kürzt man folgende Ausdrücke richtig ab?

Bedeutung	Abkürzung		Bedeutung	Abkürzung
1. siehe oben	. . . .	5.	September	. . . .
2. unter Umständen	. . . .	6.	zuzüglich	. . . .
3. eigentlich	. . . .	7.	zu Händen	. . . .
4. vor Christus	. . . .	8.	um Antwort wird gebeten	. . . .

D Finden Sie zehn Abkürzungen und schreiben Sie diese unten.

A	C	P	E	D	E	F	G
A	D	B	K	O	P	M	V
H	J	V	A	R	D	E	L
P	G	S	A	N	V	P	T
Z	D	F	R	I	D	R	U
I	V	M	U	S	W	D	L
Y	X	N	S	E	B	E	J
K	O	O	W	D	V	E	C

Abkürzung	Bedeutung		Abkürzung	Bedeutung
1.	. . . .	6.	. . . .
2.	. . . .	7.	. . . .
3.	. . . .	8.	. . . .
4.	. . . .	9.	. . . .
5.	. . . .	10.	. . . .

§

6

Sechste Grundregel: Bilden Sie kurze Sätze

Bilden Sie kurze Sätze. Vermeiden Sie verschachtelte Endlossätze. Bleiben Sie dabei inhaltlich klar, sprachlich korrekt und ästhetisch ansprechend!

1.   Ampel der Einfachen Sprache:

| 1–9 | 10–14 | 15–18 | 19–21 | 22+ |

Ampel der Einfachen Sprache für die Satzlänge (durchschnittliche Wörter pro Satz)
(Richtwerte)

2. Begründung:

Neben der Wortlänge ist die Satzlänge ein Haupt-Indikator dafür, wie verständlich eine Sprache ist. Auch bei der Satzlänge zeigen Untersuchungen übereinstimmend, dass die Verständlichkeit abnimmt, je länger ein Satz wird.

Die Satzlänge sagt vieles aus – auch über dessen Verfasserin oder Verfasser. Der lange Satz wirkt nicht nur unverständlich, sondern auch ermüdend. Er verlangsamt das Erzähltempo und überfordert den Leser. Untersuchungen zeigen: Am besten lassen sich Sätze lesen, die im Schnitt 13 Wörter haben.

Das Spiel mit der Satzlänge haben gute Romanautoren längst begriffen. Schon jetzt haben gute Romane im Schnitt 12,9 Wörter.

Dass kurze Sätze eher im Gedächtnis bleiben, belegen Beispiele wie „Veni, vidi, vici" (deutsch „ich kam, ich sah, ich siegte"). Es ist ein bekanntes lateinisches Zitat des römischen Staatsmannes und Feldherren Gaius Julius Caesar. Fast alle berühmten Zitate, die wir auswendig kennen, sind kurz.

Sie müssen nicht jeden Satz wie ein Zitat behandeln. Versuchen Sie einfach, möglichst kurze und prägnante Sätze zu schreiben. Wenn Sie zu viele Gedanken in einen Satz packen, denken Sie daran, dass die Leserinnen und Leser den Satz im Kopf wieder auspacken müssen.

Das gleiche gilt zum Thema Sprechen.

3. Beispiele:

1). Nehmen wir an, Sie haben eine Consulting-Firma und beraten Politikerinnen und Politiker. Auf Ihrer Website stellen Sie Ihr Verständnis der Beratung vor: „Unter Beratung wird von uns im Allg. eine auf Gegenseitigkeit basierte, unentgeltliche sowie unverbindliche, mündliche Kommunikation verstanden, die in Form von Ratschlägen unsererseits stattfindet, deren Ziel es ist, Sie zum Tun oder Unterlassen von Handlungen zu bewegen." So einen Satz sollten Sie lieber vermeiden. Hier sind einige Alternativen, wo Sie das Gleiche prägnanter sagen können:

Unter Beratung wird von uns im Allg. eine auf Gegenseitigkeit basierte, unentgeltliche sowie unverbindliche, mündliche Kommunikation verstanden, die in Form von Ratschlägen unsererseits stattfindet, deren Ziel es ist, Sie zum Tun oder Unterlassen von Handlungen zu bewegen.	→	Wir verstehen Beratung als ein unverbindliches Gespräch. Das Gespräch findet zwischen Ihnen und uns statt. Wir geben Ihnen dabei Ratschläge. Die Ratschläge sollen Sie dazu bewegen, etwas zu tun. Unsere Beratungen sind kostenlos.
	→	Unter Beratung verstehen wir ein unverbindliches Gespräch, in dem wir Ihnen Ratschläge geben. Die kostenlose Beratung soll Sie dazu bewegen, etwas zu tun oder zu unterlassen.
	→	Im Allgemeinen verstehen wir unter Beratung ein gegenseitiges, kostenloses und unverbindliches Gespräch. Bei solch einem Gespräch bekommen Sie von uns Ratschläge, damit Sie etwas tun oder unterlassen.
	→	Im Allg. verstehen wir unter Beratung ein kostenloses und unverbindliches Gespräch, wobei Sie Ratschläge zum Tun oder Unterlassen von Handlungen erhalten.
	→	Unter Beratung wird von uns im Allg. eine auf Gegenseitigkeit basierte, unentgeltliche sowie unverbindliche, mündliche Kommunikation verstanden, die in Form von Ratschlägen unsererseits stattfindet, deren Ziel es ist, Sie zum Tun oder Unterlassen von Handlungen zu bewegen.

2). Nehmen wir an, Sie arbeiten im Personalservice der Bundeswehr. Jemand stellt bei Ihnen einen Antrag auf Versetzung. Beim Antrag fehlen einige Unterlagen. Sie können folgendes schreiben: „Bei der Bearbeitung Ihres Versetzungsantrages, den Sie am 03.05.2019 gestellt hatten, ist uns aufgefallen, dass noch eine Kopie Ihres Ausweises fehlt, um dessen Zusendung bis zum 30.05.2019 wir Sie hiermit bitten." Oder Sie suchen sich eine angenehmer zu lesende Alternative aus:

Bei der Bearbeitung Ihres Versetzungsantrages, den Sie am 03.05.2019 gestellt hatten, ist uns aufgefallen, dass noch eine Kopie Ihres Ausweises fehlt, um dessen Zusendung bis zum 30.05.2019 wir Sie hiermit bitten. →	Sie haben am 03.05.2019 einen Antrag gestellt. Sie wollen sich versetzen lassen. Bei dem Antrag fehlt eine Kopie Ihres Ausweises. Bitte senden Sie uns die Kopie bis zum 30.05.2019.
→	Sie haben am 03.05.2019 einen Versetzungsantrag gestellt. Leider fehlt noch eine Kopie Ihres Ausweises. Bitte schicken Sie uns die Kopie bis zum 30.05.2019.
→	Bei der Bearbeitung Ihres Versetzungsantrags vom 03.05.2019 ist uns aufgefallen, dass eine Kopie Ihres Ausweises fehlt. Wir bitten Sie mit diesem Schreiben darum, uns die angesprochene Kopie Ihres Ausweises bis zum 30.05.2019 zu übersenden.
→	Bei der Bearbeitung Ihres auf den 03.05.2019 datierten Versetzungsantrages ist uns aufgefallen, dass noch eine Kopie Ihres Ausweises fehlt. Mit diesem vorliegenden Schreiben bitten wir Sie darum, uns die benannte Kopie bis spätestens zum 30.05.2019 zukommen zu lassen.
→	Bei der Bearbeitung Ihres Versetzungsantrages, den Sie am 03.05.2019 gestellt hatten, ist uns aufgefallen, dass noch eine Kopie Ihres Ausweises fehlt, um dessen Zusendung bis zum 30.05.2019 wir Sie hiermit bitten.

3). Nehmen wir an, Sie sind in einem globalen Unternehmen zuständig für die Öffentlichkeitsarbeit. Das Unternehmen bekommt eine neue Website. Unter der Rubrik „Über uns" stellen Sie das Unternehmen vor. Sie können folgendes schreiben: „Unser Unternehmen, eines der weltweit führenden Unternehmen im Bereich der Kabelherstellung, hat 22 Tochterunternehmen mit einem Gesamtumsatz von 225 Millionen Euro, produziert in 16 Werken in 7 Ländern, bietet über 120 einzelne Produkte zum Verkauf an und kann ein ständiges Wachstum vorweisen." Doch es geht auch einfacher:

Unser Unternehmen, eines der weltweit führenden Unternehmen im Bereich der Kabelherstellung, hat 22 Tochterunternehmen mit einem Gesamtumsatz von 225 Millionen Euro, produziert in 16 Werken in 7 Ländern, bietet über 120 einzelne Produkte →	Unser Unternehmen stellt Kabel her. Wir sind dabei eines der weltweit führenden Unternehmen. Wir haben 22 Tochterunternehmen. Der gesamte Umsatz ist 225 Millionen Euro. Wir produzieren in 16 Werken in 7 Ländern. Insgesamt verkaufen wir über 120 Produkte. Unser Unternehmen wird immer größer.
→	Wir sind eines der weltweit führenden Unternehmen in der Herstellung von Kabeln. Unser Unternehmen hat 22 Tochterunternehmen mit einem Gesamtumsatz von 225 Millionen Euro. Wir produzieren in 16 Werken in 7 Ländern und verkaufen über 120 Produkte. Unser Unternehmen wächst ständig.
→	Mit 22 Tochterunternehmen und einem Umsatz von 225 Millionen Euro sind wir eines der weltweit führenden Unternehmen. Wir sind spezialisiert in der Herstellung von Kabeln und produzieren in 16 Werken in 7 Ländern. Unser Unternehmen bietet über 120 Produkte zum Verkauf an und kann ein ständiges Wachstum vorweisen.

zum Verkauf an und kann ein ständiges Wachstum vorweisen.	→ Unser Unternehmen, eines der weltweit führenden im Bereich der Kabelherstellung, hat 22 Tochterunternehmen mit einem Gesamtumsatz von 225 Millionen Euro. Das Unternehmen produziert in 16 Werken in 7 Ländern, verkauft über 120 einzelne Produkte und kann ein ständiges Wachstum vorweisen.
	→ Unser Unternehmen, eines der weltweit führenden Unternehmen im Bereich der Kabelherstellung, hat 22 Tochterunternehmen mit einem Gesamtumsatz von 225 Millionen Euro, produziert in 16 Werken in 7 Ländern, bietet über 120 einzelne Produkte zum Verkauf an und kann ein ständiges Wachstum vorweisen.

4). Nehmen wir an, Sie arbeiten in einem großen Versandhaus. Sie bekommen die Aufgabe, alle Standard-Emails sprachlich zu überarbeiten und moderner zu machen. In einem der automatisch versandten E-Mails stoßen Sie auf diesen Satz: „Aufgrund der starken Nachfrage nach unseren hochwertigen Produkten und unserer aktuell begrenzten Kapazität in der Abwicklung könnte unter Umständen der Fall eintreten, dass wir Ihre Bestellung erst 2 bis 3 Wochen nach deren Eingang berücksichtigen können, weshalb wir im Vorfeld um Verständnis bitten." Sie wissen, dass Sie eine Alternative brauchen. Wie einfach würden Sie es machen?

Aufgrund der starken Nachfrage nach unseren hochwertigen Produkten und unserer aktuell begrenzten Kapazität in der Abwicklung könnte unter Umständen der Fall eintreten, dass wir Ihre Bestellung erst 2 bis 3 Wochen nach deren Eingang berücksichtigen können, weshalb wir im Vorfeld um Verständnis bitten.	→ Zurzeit bestellen viele Menschen unsere Produkte. Unsere Kapazität ist aber leider begrenzt. Es kann deshalb sein, dass wir Ihre Bestellung erst zwei bis drei Wochen später bearbeiten. Wir bitten um Verständnis.
	→ Zurzeit gehen bei uns viele Bestellungen ein. Doch leider ist unsere Kapazität aktuell begrenzt. Daher kann es dazu kommen, dass wir Ihre eigegangene Bestellung erst zwei bis drei Wochen später bearbeiten können. Wir bitten im Vorfeld um Verständnis.
	→ Unsere hochwertigen Produkte sind zurzeit in hohem Maße nachgefragt und unsere Kapazität gleichzeitig leider begrenzt. Es kann daher unter Umständen dazu kommen, dass wir Ihre Bestellung erst 2 bis 3 Wochen später berücksichtigen. Aus diesem Grund möchten wir Sie im Vorfeld um Verständnis bitten.
	→ Zurzeit unterliegen unsere hochwertigen Produkte einer starken Nachfrage und unsere Kapazität in der Abwicklung der Bestellungen ist zurzeit leider begrenzt. Aus diesen beiden Gründen könnte es sein, dass wir Ihre Bestellung erst 2 bis 3 Wochen nach Eingang berücksichtigen können. Falls dieser Umstand eintreffen sollte, möchten wir Sie im Vorfeld um Verständnis bitten.
	→ Aufgrund der starken Nachfrage nach unseren hochwertigen Produkten und unserer aktuell begrenzten Kapazität in der Abwicklung könnte unter Umständen der Fall eintreten, dass wir Ihre Bestellung erst 2 bis 3 Wochen nach deren Eingang berücksichtigen können, weshalb wir im Vorfeld um Verständnis bitten.

5). Nehmen wir an, Sie arbeiten in einer Behörde. Ein „Herr Weinberg" hat bei Ihnen einen Online-Antrag gestellt. Nach einem Telefonat mit Herrn Weinberg, könnten Sie in einem Brief Folgendes schreiben: „Sehr geehrter Herr Weinberg,
wie gestern am Telefon besprochen übersende ich Ihnen die angeforderten schriftlichen Unterlagen und bitte Sie darum, diese auszudrucken, abzuzeichnen und mir auf dem Postweg bis spätestens dem 02.07.2019

zukommen zu lassen, damit meinen Vorgesetzten die nötige Zeit zur Verfügung bleibt, um Ihren Antrag zu bescheiden." Oder Sie suchen sich eine bessere Alternative:

Sehr geehrter Herr Weinberg,
wie gestern am Telefon besprochen übersende ich Ihnen die angeforderten schriftlichen Unterlagen und bitte Sie darum, diese auszudrucken, abzuzeichnen und mir auf dem Postweg bis spätestens dem 02.07.2019 zukommen zu lassen, damit meinen Vorgesetzten die nötige Zeit zur Verfügung bleibt, um Ihren Antrag zu bescheiden.

→

Sehr geehrter Herr Weinberg,
vielen Dank für das Telefongespräch von gestern. Sie bekommen wie besprochen die Dokumente. Bitte unterschreiben Sie sie und schicken Sie sie mir per Post. Sie haben bis spätestens dem 02.07.2019 Zeit. So haben meine Vorgesetzten genug Zeit, um über den Antrag zu entscheiden.

→

Sehr geehrte Herr Weinberg,
vielen Dank für das gestrige Telefongespräch. Wie besprochen bekommen Sie die angeforderten Dokumente. Ich bitte Sie darum, diese unterschrieben per Post zurückzusenden. Damit meine Vorgesetzte genug Zeit für eine Entscheidung haben, schicken Sie die Dokumente bitte bis spätestens dem 02.07.2019.

→

Sehr geehrter Herr Weinberg,
Ich bedanke mich bei Ihnen für das gestrige Gespräch, in dem Sie schriftliche Unterlagen angefordert hatten. Ich übersende Ihnen wie besprochen die angeforderten Unterlagen mit der Bitte diese auszufüllen, abzuzeichnen und uns bis zum 02.07.2019 per Post zukommen zu lassen. Somit steht meinen Vorgesetzten noch die notwendige Zeit zur Verfügung, um über Ihren Antrag zu entscheiden.

→

Sehr geehrter Herr Weinberg,
wie gestern am Telefon besprochen übersende ich Ihnen die angeforderten schriftlichen Unterlagen und bitte Sie darum, diese auszudrucken, abzuzeichnen und mir auf dem Postweg bis spätestens dem 02.07.2019 zukommen zu lassen, damit meinen Vorgesetzten die nötige Zeit zur Verfügung bleibt, um Ihren Antrag zu bescheiden.

→

Sehr geehrter Herr Weinberg,
wie im gestrigen Tag am Telefon besprochen übersende ich Ihnen die von Ihnen angeforderten schriftlichen Unterlagen mit der Bitte um Anfertigung eines Ausdrucks, die Abzeichnung des Ausdrucks und dessen Versand an uns bis spätestens dem 02.07.2019 auf dem Postweg, damit meinen Vorgesetzten die nötige Zeitspanne bleibt um Ihren beabsichtigten Antrag zu bescheiden.

4. Tipps für die Praxis:

Tipp 1:

Es ist relativ einfach, herauszufinden, ob Sie tendenziell lange Sätze schreiben. Rufen Sie Ihre alten Emails auf und zählen Sie alle Wörter zwischen zwei Punkten. Wenn Sie alle Wörter gezählt haben, berechnen Sie den Durchschnitt. Vergleichen Sie das Ergebnis mit der Ampel der Einfachen Sprache für die Länge eines Satzes.

Tipp 2:

Bei kurzen Sätzen kommt manchmal der Einwand, dass diese monoton klingen könnten. Die Monotonie kann man einfach vermeiden, indem man Konjunktionsadverbien benutzt. Es sind Wörter wie „deshalb", „außerdem" oder „andernfalls", mit denen man zwei an sich eigenständige Sätze inhaltlich verbinden kann. Dadurch wirken Ihre Sätze abwechslungsreich und Sie müssen keine Nebensätze produzieren. Hier ein kleines Beispiel:

Ein Satz	Aufgrund meines übermäßigen Kaffeekonsums schlafe ich zurzeit so schlecht.
	↓
Zwei Sätze (ohne Konjunktionsadverbium)	Ich schlafe zurzeit schlecht. Ich trinke viel Kaffee.
	↓
Zwei Sätze (mit Konjunktionsadverbium)	Ich schlafe zurzeit schlecht. Ich trinke nämlich viel Kaffee. Oder: Ich schlafe zurzeit schlecht. Denn ich trinke viel Kaffee. Oder: Ich trinke viel Kaffee. Daher schlafe ich zurzeit schlecht.

Tipp 3:

Sätze werden kürzer, wenn wir Funktionsverben vermeiden:

einen Besuch abstatten	→	besuchen
eine Beratung durchführen	→	beraten
einen Antrag stellen	→	beantragen
Einfluss nehmen auf	→	beeinflussen
ums Leben kommen	→	sterben
in Zweifel ziehen	→	bezweifeln

Tipp 4:

Oft lassen sich Hilfsverben (möchten, dürfen, können, wollen und sollen) vermeiden. Dadurch wird der Satz kürzer:

Wir möchten Ihnen heute den Projektplan vorstellen.

↓

Wir stellen Ihnen heute den Projektplan vor.

Ihr Satz wird nicht nur kürzer. Er ist kraftvoller und verbindlicher.

Tipp 5:

Sätze werden außerdem kürzer, wenn man unnötige oder doppelt erwähnte Informationen wegstreicht.

Die ~~angepeilte~~ Zielgruppe ist...
Die ~~geballte~~ Faust...

Tipp 6:

Es kann in der Praxis auch helfen, wenn Sie zunächst lange Sätze schreiben und erst im Anschluss kürzere Sätze daraus bilden.

Damit Ihr Text trotz kurzer, prägnanter Sätze nicht gehetzt wirkt, variieren Sie die Satzanfänge durch Umstellungen:

Wir werden den Antrag morgen zusammen ausfüllen.
Morgen werden wir den Antrag zusammen ausfüllen.
Zusammen werden wir morgen den Antrag ausfüllen.
Den Antrag werden wir morgen zusammen ausfüllen.

Tipp 8
(Liste mit nützlichen Konjunktionaladverbien für die Praxis):

Konjunktionaladverbien sind Wörter wie daher, deshalb, außerdem. Sie bringen Zustände und Sachverhalte miteinander in Verbindung.

1. auch, außerdem, ferner, zudem, überdies, ebenso, ebenfalls, gleichfalls	→	Kopulativ (verbindend)
2. sonst, andernfalls	→	Disjunktiv (ausschließend)
3. dagegen, doch, hingegen, indes(sen), jedoch, vielmehr	→	Adversativ (entgegensetzend)
4. allerdings, indes(sen), insofern, wohl, nur, zwar...aber	→	Restriktiv (einschränkend)
5. nämlich	→	Kausal (begründend)
6. also, daher, darum, demnach, demzufolge, deshalb, deswegen, folglich, infolgedessen, mithin, so, somit	→	Konsekutiv (Folge)
7. dennoch, des(sen) ungeachtet, gleichwohl, immerhin, trotzdem, nichtsdestoweniger, nichtsdestotrotz, zwar...aber	→	Konzessiv (einräumend)

5. Übungen:

A Machen Sie aus diesen Sätzen jeweils mindestens zwei Hauptsätze. Sie können Konjunktionaladverbien (siehe Liste oben) benutzen.

1. Stellen Sie sich vor: Sie beraten bei einem Sozialverband Zugewanderte zum Thema Anerkennung von ausländischen Bildungsabschlüssen.

Original		Einfache Sprache
Wenn Sie beim nächsten Mal Ihre Papiere nicht mitbringen, kann ich Ihnen leider nicht helfen.	→	Bringen Sie beim nächsten Mal bitte Ihre Papiere mit. Ich kann Ihnen sonst nicht helfen.

2. Stellen Sie sich vor: Sie arbeiten am Schalter einer Bank. Eine junge Frau aus Irland will bei Ihnen ein Konto eröffnen. Sie hat aber nicht alle Unterlagen dabei. Die junge Frau spricht ein wenig Deutsch:

Original		Einfache Sprache
Auch ungeachtet dessen, dass Sie uns gerade keine Dokumente vorzeigen können, können wir mit Ihnen eine Beratung durchführen.	→	....

3. Stellen Sie sich vor: Sie sind in einer deutschen Gewerkschaft zuständig für die Öffentlichkeitsarbeit. Sie wollen den sperrig klingenden Satz eines Kollegen (Original) für Ihre Leserinnen und Leser optimieren.

Original		Einfache Sprache
Aufgrund der gestiegenen Zahl der Arbeitslosen wird durch die Gewerkschaften mehr Engagement von der Bundesregierung gefordert, trotz all ihrer derzeitigen Bemühungen.	→	....

4. Stellen Sie sich vor: Sie arbeiten bei einem deutschen Verlag und bekommen die Aufgabe, ein altes Werk zu „modernisieren". Es geht um die Bremer Stadtmusikanten. Da es sich um ein literarisches Werk handelt, versuchen Sie möglichst am Original dran zu bleiben.

Original		Einfache Sprache
„Es hatte ein Mann einen Esel, der schon lange Jahre die Säcke unverdrossen zur Mühle getragen hatte, dessen Kräfte aber nun zu Ende gingen, so daß er zur Arbeit immer untauglicher ward." (Bremer Stadtmusikanten)	→	....

5. Stellen Sie sich vor: Sie sind in einem Eltern-Verein ehrenamtlich tätig. Sie sind gerade dabei, eine Familien-Feier zu organisieren. In der letzten Minute schicken Sie eine WhatsApp-Nachricht mit dem Hinweis, dass sich der Ort der Feier geändert hat.

Original	Einfache Sprache
Ihr Lieben, wegen des leider schlechten Wetters findet die Party nicht im Park statt, sondern in der Halle, wo wir nicht nass werden und die Kinder nichtsdestotrotz weiterhin spielen und sich austoben können! →	....

6. Stellen Sie sich vor: Sie arbeiten in einer Praxisgemeinschaft für Hausärztinnen und Hausärzte. Weil eine neue Datenschutzverordnung verabschiedet wurde, möchten Sie Ihre Patientinnen und Patienten darauf hinweisen.

Original	Einfache Sprache
Bei den Daten, die wir sammeln, handelt es sich einmal um die „personenbezogenen Daten", also Name, Adresse usw. und darüber hinaus natürlich um Ihre „Gesundheitsdaten", also alle Informationen, die wir im Rahmen von Patientengesprächen und Untersuchungen rund um Ihr gesundheitliches Problem erheben. →	....

B Folgende Sätze bestehen aus mehreren Einheiten. Nehmen Sie jeweils eine Einheit heraus und schreiben Sie sie in einem separaten Satz.

1. Wir beraten Sie [(1)]heute um 14 Uhr [(2)]wegen Umbauarbeiten [(3)]zusammen mit anderen Ratsuchenden [(4)]in einem Gruppenraum.

    (1) Wir beraten Sie wegen Umbauarbeiten zusammen mit anderen Ratsuchenden in einem Gruppenraum.
        Die Beratung findet heute um 14 Uhr statt.
    (2) ....
        ....
    (3) ....
        ....
    (4) ....
        ....

2. Unsere Mitarbeiter halten [(1)] morgen [(2)]wegen des Todes eines geliebten Kollegen [(3)]für etwa dreißig Minuten und [(4)]zusammen mit der Ehefrau des verstorbenen Kollegen [(5)]im großen Saal eine kleine Trauerrede.

    (1) ....
        ....
        ....

(2) . . . .
. . . .
. . . .

(3) Unsere Mitarbeiter halten morgen wegen des Todes eines geliebten Kollegen zusammen mit der Ehefrau des verstorbenen Kollegen im großen Saal eine kleine Trauerrede. Die Trauerrede dauert etwa dreißig Minuten.

(4) . . . .
. . . .
. . . .

(5) . . . .
. . . .
. . . .

C   Erweitern Sie folgende Sätze um die geforderten Angaben. Folgen Sie dabei dem Beispiel.

	Subjekt/ Handelnde	Finites Verb (Tuwort)	Temporale Angabe (wann?)	Kausale Angabe (warum?)	Modale Angabe (wie?)	Lokale Angabe (Wo?/wohin?)
1.	Der Zug	stoppt	seit heute	wegen der Umleitung	nur kurz	in dieser Station.
2.	Er	ging	. . . .	wegen der bösen Bemerkung der Geschäftsführerin	. . . .	in den Hof.
3.	Mirjam	. . . .	gerade	. . . .	unglaublich schnell	. . . .
4.	. . . .	kam	. . . .	wegen des Unfalls	. . . .	zum Treffen.

D   Bilden Sie aus den Informationen zunächst einen ganzen Satz und teilen Sie ihn anschließend in mindestens zwei auf. Folgen Sie dabei dem Beispiel.

	Lose Informationen	Ein langer Satz	Mehrere kurze Sätze
1.	(mir – wegen ihrer knappen Zeit – sie – mitteilen. – erst morgen – wird – das Ergebnis der Besprechung – im Pausenraum)	Wegen ihrer knappen Zeit wird sie mir erst morgen im Pausenraum das Ergebnis der Besprechung mitteilen.	Ihre Zeit ist knapp. Sie wird mir deshalb erst morgen im Pausenraum das Ergebnis der Besprechung mitteilen.
2.	(das Treppenhaus hinauf. – Er – wegen seiner Knieprobleme – seit einigen Tagen – langsam und vorsichtig – steigt)	. . . .	. . . .

3. (überarbeiten. – den Projektplan – wir – in Helenas Büro – zügig – Nach der Mittagspause – müssen)

....

4. (muss – hier im Büro – ihre Versichertenkarte – noch in diesem Quartal – vorlegen. – Die Patientin)

....

5. (so schnell es geht – Sie – in zweifacher Anfertigung – den Antrag – müssen – schicken. – ans Jobcenter)

....

§

7

Benutzen Sie den Verbalstil. Vermeiden Sie es, Sachverhalte und Vorgänge mit viel zu vielen Substantiven (Nomen) auszudrücken. Bleiben Sie dabei inhaltlich klar, sprachlich korrekt und ästhetisch ansprechend!

1. Ampel der Einfachen Sprache:

| 1–2 | 3–4 | 5–6 | 7–8 | 9+ |

Ampel der Einfachen Sprache für Zahl der Substantive pro Durchschnittssatz von 15 Wörtern
(Richtwerte)

2. Begründung:

Als Verbalstil bezeichnen wir Sätze, in denen Verben (Tätigkeitswörter) den inhaltlichen Kern des Satzes bilden:

- „Die Situation verbessern"
- „Die Lage kontrollieren"
- „Die Kinder retten"

Das Gegenstück zum Verbalstil ist der Nominalstil. Wir sprechen vom Nominalstil, wenn wir Sachverhalte und Vorgänge mit Hilfe von Nomen (Nennwort, Namenwort) statt Verben ausdrücken:

- „Die Verbesserung der Situation…"
- „Die Kontrolle der Lage"
- „Die Rettung der Kinder"

Vor allem in politischen, amtlichen und wissenschaftlichen Texten setzen viele Menschen auf Nominalisierung. Mit dem Nominalstil drücken sich Menschen präzise und knapp aus.

Häufen sich jedoch solche Formulierungen in einem Satz, wirkt er schwerfällig und schwerverständlich. Sowohl Leser als auch Zuhörer schalten ab, wenn sie von Nomen „bombardiert" werden.

Schriftliche und mündliche Kommunikation mit vielen Verben wirkt hingegen ansprechend und lebendig. Viele Untersuchungen zeigen außerdem, dass Texte mit vielen Verben deutlich einfacher zu verstehen sind als Texte mit vielen Nomen.

Wer eine Fremdsprache lernt, lernt normalerweise erst das Verb, dann das Nomen. Zum Beispiel lernen wir erst „Ich schlafe", dann – später – „Der Schlaf".

Indem Sie mehr mit Verben arbeiten, sorgen Sie für einen verständlichen, lebendigen Text und schließen mehr Menschen mit ein.

3. Beispiele:

1). Nehmen wir an, Sie arbeiten als Sachbearbeiterin in einem Bundesministerium. Sie müssen heute die Projektträger eines Förderprogramms über ein neues Gesetz informieren. Sie könnten diesen Satz schreiben: „Das Inkrafttreten des Gesetzes erfolgt ab dem heutigen Tage." Sie merken, der Satz ist sperrig. Hier sind einige Alternativen:

Das Inkrafttreten des Gesetzes erfolgt ab dem heutigen Tage.	→	Das Gesetz läuft/startet/beginnt ab heute.
	→	Das Gesetz gilt ab heute / Das Gesetz ist ab heute wirksam.
	→	Das Gesetz tritt heute in Kraft.
	→	Das Inkrafttreten des Gesetzes erfolgt heute.
	→	Das Inkrafttreten des Gesetzes erfolgt ab dem heutigen Tage.

2). Nehmen wir an, Sie arbeiten in einer Bank und verfassen einen Kundenbrief, ein Informationsblatt. Sie schreiben: "Die Bundesregierung plant die sukzessive Anhebung der Steuern." Sie merken, es klingt nicht wirklich kundennah. Hier sind einige Alternativen:

Die Bundesregierung plant die sukzessive Anhebung der Steuern.	→	Die Regierung will Stück für Stück mehr Steuer-Geld.
	→	Die Bundesregierung will die Steuern schrittweise (oder: nach und nach) erhöhen.
	→	Die Bundesregierung plant, die Steuern schrittweise (oder: etappenweise) zu erhöhen.
	→	Die Bundesregierung plant die sukzessive Anhebung der Steuern.

| | → | Die Bundesregierung plant, eine sukzessive Steuererhöhung vorzunehmen. |

3). Nehmen wir an, Sie arbeiten in einer Arztpraxis. Eine ältere Frau mit Deutsch als Muttersprache fragt Sie, wann der Arzt Ihre Augen nun untersuchen werde. Sie sagen: „Ihr Arzt wird nächste Woche die Untersuchung Ihrer Sehschwächung vornehmen." Die Frau schaut Sie mit fragenden Augen an. Sie suchen nach einer anderen Formulierung. Hier sind einige Alternativen:

Ihr Arzt wird nächste Woche die Untersuchung Ihrer Sehschwächung vornehmen.	→	Der Arzt untersucht Ihre Augen nächste Woche.
	→	Ihr Arzt untersucht nächste Woche, warum Sie schlechter sehen.
	→	Ihr Arzt wird nächste Woche nachsehen, weshalb Ihre Augen nun schlechter geworden sind.
	→	Ihr Arzt wird nächste Woche die Untersuchung Ihrer Sehschwächung vornehmen.
	→	Ihr Arzt wird nächste Woche eine Untersuchung durchführen, um in Erfahrung zu bringen, weshalb Sie eine Sehschwächung bekommen haben.

4). Nehmen wir an, Sie organisieren eine internationale Tagung. Ein Teilnehmer aus Italien fragt Sie mit gebrochenem Deutsch, ob die Ergebnisse der Tagung schon am Ende des letzten Tages online stehen würden. Sie bitten um etwas Geduld und fügen hinzu: „Die Ergebnisdokumentation durch uns erfolgt zu einem späteren Zeitpunkt." Der junge Italiener gibt durch Gestik und Mimik zu verstehen, dass er Sie nicht verstanden hat. Hier sind einige Alternativen:

Die Ergebnisdokumentation durch uns erfolgt zu einem späteren Zeitpunkt.	→	Wir notieren die Ergebnisse später.
	→	Wir schreiben die Resultate später auf.
	→	Wir machen die Dokumentation der Ergebnisse später.
	→	Die Ergebnisdokumentation führen wir später durch.
	→	Die Ergebnisdokumentation durch uns erfolgt zu einem späteren Zeitpunkt.

5). Nehmen wir an, Sie arbeiten in einem Jobcenter als Sachbearbeiter. Eine Kundin reicht einen Antrag ein und will wissen, wann der Antrag geprüft wird. Sie sagen „Die gründliche Überprüfung des Antrags durch uns findet nächste Woche statt." Sie wollen Ihre Aussage mit einer zweiten, einfacheren Formulierung erläutern. Hier sind einige Alternativen:

Die gründliche Überprüfung des Antrags durch uns findet nächste Woche statt.	→	Wir prüfen den Antrag nächste Woche.
	→	Wir prüfen Ihren Antrag nächste Woche sehr genau.
	→	Wir überprüfen Ihren Antrag nächste Woche gründlich.
	→	Wir unterziehen Ihren Antrag nächste Woche einer genauen Überprüfung.
	→	Die gründliche Überprüfung des Antrags durch uns findet nächste Woche statt.

Tipp 1:

Es gibt viele Genitiv-Verkettungen, die Sie relativ einfach auseinandernehmen können. Damit hat Ihr Satz automatisch ein Nomen weniger:

Die Lösung des Problems	→	Das Problem lösen
Die Weigerung des Ministers	→	Der Minister weigerte sich
Das Lächeln des Kindes der Nachbarin	→	Das Kind der Nachbarin lächelte

Tipp 2:

Umgehen Sie lange zusammengesetzte Wörter (Komposita).

Das Geburtstagsgeschenk	→	Das Geschenk zum Geburtstag
		Noch einfacher: Ich schenke dir das zum Geburtstag!
Der Briefkastenschlüssel	→	Der Schlüssel für den Briefkasten
		Noch einfacher: Dieser Schlüssel öffnet den Briefkasten.
Der Kinderschutz	→	Der Schutz von Kindern
		Noch einfacher: Wir schützen Kinder.

Zwar verringert sich die Zahl der Nomina im Satz insgesamt nicht, man vermeidet jedoch zu lange Nomen. Außerdem klingt es dann lebendiger.

Tipp 3:

Manchmal lassen sich Nomen durch Adjektive (Eigenschaftswörter) ersetzen.

Die Unparteilichkeit des Schiedsrichters spielte keine Rolle.

↓

Es spielte keine Rolle, wie unparteilich der Schiedsrichter war.

Tipp 4:

Häufig kann man Formulierungen im Nominativ durch Nebensätze mit Verb ersetzen.

Aufgrund des Fortschreitens der Zeit müssen wir die Sitzung beenden.

↓

Weil die Zeit (nun) fortgeschritten ist, müssen wir die Sitzung beenden. **Oder, noch einfacher:** Weil wir wenig Zeit haben, müssen wir die Sitzung beenden.

Tipp 5:

Gehen Sie sparsam mit Funktionsverbgefügen um. Es sind feste Verb-Nomen-Verbindungen, in denen sich die Bedeutung vom Verb auf ein Substantiv verlagert hat. Diese Verbindungen können Sie mit wenig Aufwand auflösen.

eine Beratung durchführen	→	beraten
jemandem eine Antwort erteilen/geben	→	Jemandem antworten

5. Übungen:

A Folgende Sätze sind im Nominalstil. Bilden Sie daraus Sätze im Verbalstil wie im Beispiel 1.

1. Stellen Sie sich vor: Zwei zerstrittene Freundinnen treffen sich wieder und verzeihen einander.

Original (Nominalstil)   Einfache Sprache (Verbalstil)

Dem Wiedersehen folgte direkt die Verzeihung.	→ Vorschlag A	Gleich nachdem sie sich wiedersahen, verziehen sie einander.
	→ Vorschlag B	Sie verziehen einander gleich nachdem sie sich wiedertrafen.

2. Stellen Sie sich vor: Sie koordinieren die Vergabe von Projektmitteln. Ein Projektträger fragt nach dem Stand der Dinge.

Original (Nominalstil)   Einfache Sprache (Verbalstil)

Die Entscheidung über die Annahme des Antrags durch die Mittelgeber wurde noch nicht getroffen.	→ Vorschlag A	. . . .
	→ Vorschlag B	. . . .

3. Stellen Sie sich vor: Sie arbeiten in einem Betrieb. Eine Kundin, die noch nicht gut Deutsch spricht, fragt nach Sarah, Ihrer Bürokollegin.

Original (Nominalstil)   Einfache Sprache (Verbalstil)

Wegen Krankheit kommt Sarah heute nicht zur Arbeit.	→ Vorschlag A	. . . .
	→ Vorschlag B	. . . .

4. Stellen Sie sich vor: Sie organisieren eine Konferenz mit. Eine Kooperationspartnerin fragt Sie, ob Sie Hilfe benötigen und ob alles gut vorbereitet sei.

Original (Nominalstil)   Einfache Sprache (Verbalstil)

Wir rechnen mit dem reibungslosen Ablauf der Konferenz.	→ Vorschlag A	. . . .
	→ Vorschlag B	. . . .

5. Stellen Sie sich vor: Sie moderieren einen Gesprächskreis. Jemand vom Publikum stellt einem Zugewanderten auf der Bühne eine sprachlich verschachtelte Frage. Sie geben die Frage in eigenen, einfacheren Wörtern wieder.

Original (Nominalstil)   Einfache Sprache (Verbalstil)

Ihre Frage an Herrn Abdul lautet, → Vorschlag A   ....
ob er seinem Empfinden nach ein   ....
Wohlfühlgefühl in Deutschland   ....
hat.   → Vorschlag B   ....
                              ....
                              ....
                              ....

6. Stellen Sie sich vor: Sie arbeiten als Pressesprecher in einem großen Verband. In dieser Funktion berichten Sie über ein Treffen zwischen Ihrer Chefin und den Mittelverwaltern.

Original (Nominalstil)		Einfache Sprache (Verbalstil)

Das Ziel der ersten   → Vorschlag A   ....
Gesprächsrunde der   ....
Verhandlungen war die   ....
Erreichung eines ersten   → Vorschlag B   ....
Konsenses.   ....

7. Stellen Sie sich vor: Sie arbeiten in einem international tätigen Unternehmen. Eine Kollegin fragt, warum die gemeinsame Chefin seit zwei Tagen nicht im Büro gewesen sei. Sie sind sich nicht sicher und sagen:

Original (Nominalstil)		Einfache Sprache (Verbalstil)

Ihren gestrigen Aussagen zufolge → Vorschlag A   ....
befindet sie sich heute in einem   ....
Nonstopflug nach Dubai.   ....
                          → Vorschlag B   ....
                              ....
                              ....

8. Stellen Sie sich vor: Sie arbeiten als Ärztin in einem Krankenhaus. Ein zugewanderter Arzt, der Deutsch noch lernt, macht ein Praktikum bei Ihnen. Sie berichten Ihm von einem neulich passierten, traurigen Fall:

Original (Nominalstil)		Einfache Sprache (Verbalstil)

Der Glaube meiner Patientin an   → Vorschlag A   ....
ein alles wieder gut machendes   ....
Wunder fand durch die Realität   ....
ein jähes Ende.   → Vorschlag B   ....
                              ....
                              ....

9. Stellen Sie sich vor: Sie arbeiten an einer Universität. Ein ausländischer Student, der eigentlich bei Ihrer Kollegin ein Praxissemester machen sollte, wird Ihnen zugeteilt. Der Praktikant kommt am ersten Tag viel zu spät zu Ihnen. Im Laufe des Tages fragt er Sie, was mit seiner eigentlichen Chefin los sei. Sie wollen einen Witz machen und sagen mit einem Augenzwinkern:

Original (Nominalstil)		Einfache Sprache (Verbalstil)

Wegen ihrer Unpünktlichkeit   → Vorschlag A   ....
erwischte sie eine Entlassung.   ....
                              ....

                    →   Vorschlag B   ....
                                               ....
                                               ....

10. Stellen Sie sich vor: Sie arbeiten als Psychotherapeutin. Ein Alkoholabhängiger wird rückfällig. Er wirft sich Schwäche vor und ist deprimiert. Sie wollen ihn aufbauen.

Original (Nominalstil)   Einfache Sprache (Verbalstil)

Kontrollverlust ist menschlich.   →   Vorschlag A   ....
                                                          ....
                                                          ....
                                   →   Vorschlag B   ....
                                                          ....
                                                          ....

B   Finden Sie jeweils zwei Nomen zu den folgenden Verben. Bilden sie anschließend Sätze im Nominalstil – so wie Sie es eigentlich nicht tun würden/sollten.

	Verb		Nomen		Beispiele
1.	durchführen	→	1) Die Durchführung	→	Die Durchführung des Plans dauerte Jahre.
		→	2) Das Durchführen	→	Dem Durchführen des Plans stand nichts im Weg.
2.	bemalen	→	1)	→	....
					....
		→	2)	→	....
					....
3.	verfügen	→	1)	→	....
					....
		→	2)	→	....
					....
4.	erklären	→	1)	→	....
					....
		→	2)	→	....
					....
5.	erwarten	→	1)	→	....
					....
		→	2)	→	....
					....

6. versuchen   → 1) ....   → ....
                                              ....
                                              ....
              → 2) ....   → ....
                                              ....
                                              ....

7. verlieren   → 1) ....   → ....
                                              ....
                                              ....
              → 2) ....   → ....
                                              ....
                                              ....

8. besprechen   → 1) ....   → ....
                                              ....
                                              ....
              → 2) ....   → ....
                                              ....
                                              ....

9. planen   → 1) ....   → ....
                                              ....
                                              ....
              → 2) ....   → ....
                                              ....
                                              ....

10. bedeuten   → 1) ....   → ....
                                              ....
                                              ....
              → 2) ....   → ....
                                              ....
                                              ....

C Bilden Sie mit diesen Verben Sätze mit ungefähr gleicher Bedeutung. Schreiben Sie einen Satz im Nominalstil und einen im Verbalstil. Folgen Sie dem Beispiel 1.

	Verb			Beispiele
1.	benutzen	→	Nominalstil:	Die sehr häufige <u>Benutzung</u> dieses Waschmittels führt zu Allergien.
		→	Verbalstil:	Wenn du dieses Waschmittel sehr häufig <u>benutzt</u>, führt das zu Allergien.
2.	kontrollieren	→	Nominalstil:	....
		→	Verbalstil:	....
3.	Fehler machen	→	Nominalstil:	....

4. Haare färben → Nominalstil: ·
· ·

→ Verbalstil: ·
· ·

5. veröffentlichen → Nominalstil: ·
· ·

→ Verbalstil: ·
· ·

6. anfragen → Nominalstil: ·
· ·

→ Verbalstil: ·
· ·

7. anbieten → Nominalstil: ·
· ·

→ Verbalstil: ·
· ·

8. herabsetzen → Nominalstil: ·
· ·

→ Verbalstil: ·
· ·

9. dulden → Nominalstil: ·
· ·

→ Verbalstil: ·
· ·

10. beobachten → Nominalstil: ·
· ·

→ Verbalstil: ·
· ·

§

8

Schreiben und sprechen Sie überwiegend in der Aktivform. Vermeiden Sie das Passiv, vor allem das Vorgangspassiv in komplexen Zeitformen. Bleiben Sie dabei inhaltlich klar, sprachlich korrekt und ästhetisch ansprechend!

1. Ampel der Einfachen Sprache:

0   1–2   3–4   5–6   7+

Ampel der Einfachen Sprache für die Zahl der Passivkonstruktionen pro Absatz von 100 Wörtern (Richtwerte)

2. Begründung:

In einem Aktiv-Satz nennen wir den Handelnden. Es ist klar, wer was tut:

„Sarah schreibt eine E-Mail."

In einem Passiv-Satz wird mit einem Ding oder einer Person etwas getan. Passiv betont die Handlung (was), nicht den Handelnden (wer). Es ist oft nicht klar, wer das tut, was gerade getan wird:

„Eine E-Mail wird geschrieben."

Wir wissen hier nicht, wer die E-Mail schreibt. In diesem Fall ist der Handelnde nicht wichtig, nicht bekannt oder soll mit Absicht unerwähnt bleiben. Nur der Vorgang des Schreibens wird betont. Daher nennt man es „Vorgangspassiv". Das Vorgangspassiv wird mit dem Verb „werden" gebildet.

Wenn etwas schon gemacht worden ist, kann man den Zustand beschreiben, ohne den oder die Handelnden zu nennen. In diesem Fall sprechen wir vom „Zustandspassiv". Das Zustandspassiv bilden Sie mit dem Hilfsverb „sein" und dem Partizip II. Mit dem Partizip II sprechen wir über etwas, das schon geschehen ist (gegessen, gemacht, geschlafen, geprüft, ...)

Zeitlich betrachtet kommt das Zustandspassiv nach dem Vorgangspassiv und dem Aktiv, denn es stellt ein Ergebnis dar.

Aktiv	→	Sarah schreibt eine E-Mail.
Vorgangspassiv	→	Eine E-Mail wird (von Sarah) geschrieben.
Zustandspassiv	→	Eine E-Mail ist geschrieben.

Der Passiv-Satz ist umständlicher zu formulieren. Bei den meisten Sprachen der Welt, in denen das Passiv vorkommt, lernt man zunächst die Aktivform des Schreibens und Sprechens. Irgendwann später lernt man dann das Passiv. Indem Sie mehr im Aktiv schreiben, schließen Sie automatisch mehr Menschen mit ein.

Texte und Beratungen mit vielen Passiv-Sätzen sind nicht nur schwieriger zu verstehen. Sie sind zudem langweilig, alltagsfern und wirken hölzern. Texte im Aktiv sind hingegen verständlich, lebendig und dynamisch.

3. Beispiele

1). Nehmen wir an, Sie arbeiten bei einem Unternehmen. Ein Bundesministerium fördert Ihr Unternehmen finanziell. Das Ministerium verlangt nach einem aktuellen Projektplan. Wie könnten Sie die Original-Aussage, die ein Passiv beinhaltet, anders formulieren? Hier sind einige Vorschläge:

Der überarbeitete Projektplan wird Ihnen spätestens nächste Woche zugesandt.	→	Wir haben den Projektplan geändert. Wir senden Ihnen den Plan spätestens nächste Woche.
	→	Sie bekommen spätestens nächste Woche den überarbeiteten Projektplan.
	→	Wir schicken Ihnen spätestens nächste Woche den überarbeiteten Projektplan zu.
	→	Der überarbeitete Projektplan wird Ihnen spätestens nächste Woche zugesandt.
	→	Der Projektplan, der durch uns geändert worden ist, wird Ihnen spätestens nächste Woche zugesandt.

2). Nehmen wir an, Sie beraten bei einem Sozialträger Familien. Sie sollen eine Broschüre überarbeiten, in der folgender Satz vorkommt: „Sie werden bei uns gerne zu den Themen Familie und Erziehung der Kinder beraten." Sie suchen nach Alternativen ohne Passiv. Hier sind einige Vorschläge:

Sie werden bei uns gerne zu den Themen Familie und Erziehung der Kinder beraten.	→ Wir beraten Sie gerne. Unsere Themen sind Familie und Erziehung.
	→ Wir beraten Sie gerne zu den Themen Familie und Erziehung.
	→ Sie bekommen von uns gerne Beratung zu den Themen Familie und Erziehung der Kinder.
	→ Sie werden bei uns gerne zu den Themen Familie und Erziehung der Kinder beraten.
	→ Die Themen, zu denen Sie gerne bei uns beraten werden können, sind Familie und Kindeserziehung.

3). Nehmen wir an, Sie arbeiten in einer Behörde und bekommen fälschlicherweise einen Antrag. Die Antragstellerin bittet Sie am Telefon, das Schreiben weiterzuleiten. Sie wollen sagen, dass Sie dies nicht tun dürfen. Sie suchen nach Alternativen ohne Passiv. Hier sind einige Vorschläge:

Ihr Schreiben kann von uns leider nicht weitergeleitet werden, da wir das nicht dürfen.	→ Wir können Ihren Brief leider nicht weitergeben.
	→ Wir können Ihr Schreiben leider nicht weiterleiten. Wir dürfen das nicht.
	→ Wir können Ihr Schreiben leider nicht weiterleiten, weil wir dies nicht machen dürfen.
	→ Ihr Schreiben kann von uns leider nicht weitergeleitet werden, da wir das nicht tun dürfen.
	→ Aufgrund fehlender Berechtigung darf Ihr Schreiben durch uns leider nicht weitergeleitet werden, weshalb wir das Schreiben infolgedessen nicht weiterleiten können.

4). Nehmen wir an, Sie betreiben eine Tankstelle oder einen Kiosk. Sie sind gerade dabei, einen rechtlichen Hinweis zum Thema Jugendschutz aufzustellen. Ihnen fällt folgender Satz ein: „Jugendschutz wird bei uns ernst genommen. Kindern und Jugendlichen werden keine Tabakwaren verkauft!" Doch Sie merken, dass die Aussage hölzern und kalt klingt. Hier sind einige Vorschläge:

Jugendschutz wird bei uns ernst genommen. Kindern und Jugendlichen werden keine Tabakwaren verkauft!	→ Jugendschutz ist für uns wichtig. Kein Tabak an Kinder und Jugendliche!
	→ Wir nehmen Jugendschutz ernst. Wir verkaufen kein Tabak an Kinder und Jugendliche!
	→ Wir nehmen Jugendschutz ernst und verkaufen daher keine Tabakwaren an Minderjährige!
	→ Jugendschutz wird bei uns ernst genommen. Kindern und Jugendlichen werden keine Tabakwaren verkauft!
	→ Jugend- und Kinderschutz werden bei uns ernstgenommen, weshalb Kindern und Jugendlichen hier keine Tabakwaren verkauft werden!

5). Nehmen wir an, Sie arbeiten in einer Bank. Eine Kundin will ein Konto eröffnen und fragt, ob Sie den Antrag vorab online ausfüllen soll. Sie sagen der Kundin am Telefon „Der Antrag wird von uns ausgefüllt." Sie merken, dass der Satz wenig persönlich und verbindlich ist. Hier sind einige Vorschläge:

→ Wir machen den Antrag für Sie.

Der Antrag wird von
uns ausgefüllt.

→ Wir füllen den Antrag für Sie aus.

→ Wir kümmern uns um das Ausfüllen des Antrags

→ Der Antrag wird von uns ausgefüllt.

→ Wir kümmern uns darum, dass der Antrag ausgefüllt wird.

4. Tipps für die Praxis:

Wie wird das Vorgangspassiv gebildet? → Wie bilde ich das Vorgangspassiv?

Sie bilden das Passiv mit dem Hilfsverb „werden" und dem Partizip II:

	Aktiv		Passiv
Präsens (Gegenwart)	Ich frage	→	Ich werde gefragt
Präteritum (Vergangenheit)	Ich fragte	→	Ich wurde gefragt
Perfekt (vollendete Gegenwart)	Ich habe gefragt	→	Ich bin gefragt worden
Plusquamperfekt (vollendete Vergangenheit)	Ich hatte gefragt	→	Ich war gefragt worden
Futur I (Zukunft)	Ich werde fragen	→	Ich werde gefragt werden
Futur II (vollendete Zukunft)	Ich werde gefragt haben	→	Ich werde gefragt worden sein

Wie bilde ich das Zustandspassiv? Was ist der Unterschied zum Vorgangspassiv?

Sie bilden das Zustandspassiv mit dem Hilfsverb „sein" und dem Partizip II:

	Vorgangspassiv		Zustandspassiv
Präsens (Gegenwart)	Die Tür wird geöffnet	→	Die Tür ist geöffnet
Präteritum (Vergangenheit)	Die Tür wurde geöffnet	→	Die Tür war geöffnet
Perfekt (vollendete Gegenwart)	Die Tür ist geöffnet worden	→	Die Tür ist geöffnet gewesen
Plusquamperfekt (vollendete Vergangenheit)	Die Tür war geöffnet worden	→	Die Tür war geöffnet gewesen
Futur I (Zukunft)	Die Tür wird geöffnet werden	→	Die Tür wird geöffnet sein
Futur II (vollendete Zukunft)	Die Tür wird geöffnet worden sein	→	Die Tür wird geöffnet gewesen sein

Die beiden Verben „werden" und „sein" können auch als Vollverben vorkommen. Dies ist zum Beispiel dann der Fall, wenn kein anderes Verb im Satz ist.

Vollverb		Hilfsverb
a). Ich bin 29 Jahre alt.	→	a). Ich bin in Russland gewesen.
b). Der Himmel wurde orange.	→	b). Der Himmel wurde beleuchtet.

Tipp 4:

Wie kann ich das Passiv vermeiden?

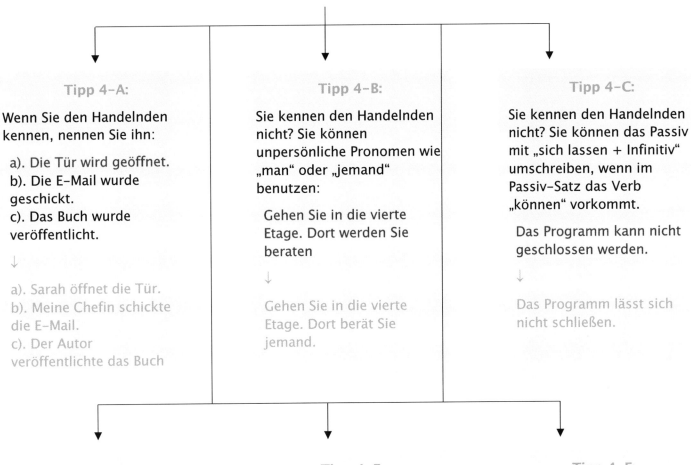

Tipp 4-A:

Wenn Sie den Handelnden kennen, nennen Sie ihn:

a). Die Tür wird geöffnet.
b). Die E-Mail wurde geschickt.
c). Das Buch wurde veröffentlicht.

↓

a). Sarah öffnet die Tür.
b). Meine Chefin schickte die E-Mail.
c). Der Autor veröffentlichte das Buch

Tipp 4-B:

Sie kennen den Handelnden nicht? Sie können unpersönliche Pronomen wie „man" oder „jemand" benutzen:

Gehen Sie in die vierte Etage. Dort werden Sie beraten

↓

Gehen Sie in die vierte Etage. Dort berät Sie jemand.

Tipp 4-C:

Sie kennen den Handelnden nicht? Sie können das Passiv mit „sich lassen + Infinitiv" umschreiben, wenn im Passiv-Satz das Verb „können" vorkommt.

Das Programm kann nicht geschlossen werden.

↓

Das Programm lässt sich nicht schließen.

Tipp 4-D:

Sie kennen den Handelnden nicht? Das Passiv mit „können" lässt sich mit „sein + Adjektivierung auf -bar oder -lich" umschreiben

Feuchtes Holz kann nicht gebrannt werden.

↓

Feuchtes Holz ist nicht brennbar.

Tipp 4-E:

Sie können das Passiv mit „sein + zu + Infinitiv" umschreiben, wenn das Passiv folgende modale Aspekte hat: „können", „müssen", „nicht können", „nicht müssen", „nicht wollen", „nicht dürfen".

Die Rechnung muss sofort bezahlt werden.

↓

Die Rechnung ist sofort zu bezahlen.

Tipp 4-F:

Wenn das Verb in Passiv eine Dativ-Ergänzung und Akkusativ-Ergänzung hat, können Sie das Passiv mit „bekommen-Gruppe + Partizip II" umschreiben.

Dem Minister werden 10 Millionen Euro geschenkt.

↓

Der Minister bekommt 10 Millionen Euro geschenkt.

5. Übungen:

A   Setzen Sie folgende Passiv-Sätze ins Aktiv.

Passiv   Aktiv

1. Der Patient wird vom Arzt untersucht.   →   Der Arzt untersucht den Patienten.

2. Die E-Mail wird von meiner Kollegin geschickt.   →   . . . .

3. Die Analyse wird vom Bundesministerium durchgeführt.   →   . . . .

4. Die Aufgabe kann nur von sehr guten Schülern richtig beantwortet werden.   →   . . . .

5. Der Bericht wurde von der Chefin vorgelesen.   →   . . . .

6. Die Beratung wurde von Julia verschoben.   →   . . . .

7. Die Summe wurde von wohlhabenden gespendet.   →   . . . .

8. Das Programm wird vom Bundesministerium für Arbeit und Soziales gefördert.   →   . . . .

9. Ihnen kann von uns leider nicht geholfen werden.   →   . . . .

10. Das Formular muss von Ihnen ausgefüllt werden.   →   . . . .

B   Setzen Sie folgende Aktiv-Sätze ins Passiv. Benennen Sie dabei keine Handelnden.

Aktiv   Passiv

1. Patrick beantwortete die Anfrage.   →   Die Anfrage wurde beantwortet.

2. Du bekommst morgen Bescheid, ob es klappt.   →   . . . .

3. Laura hat den Mohammad beraten.   →   . . . .

4. Man kann die PDF-Datei nicht ausdrucken.   →   . . . .

5. Jemand macht gerade die Kaffeemaschine sauber.   →   . . . .

6. Das Problem ist nicht zu lösen.   →   . . . .

7. Der Chef ist gerade nicht ansprechbar.   →   . . . .

8. Sowas ist unsagbar.   →   . . . .

9. Sie müssen noch heute die E-Mail rausschicken. → ....

10. Wir konnten die Haare nicht trocken bekommen. → ....

C   Bilden Sie Sätze zuerst im Passiv, dann im Aktiv. Folgen Sie dem ersten Beispiel.

Verb	Passiv		Aktiv
1. schicken	Dem Kunden wurde (vom Mitarbeiter) ein Brief geschickt.	→	Der Mitarbeiter schickte dem Kunden einen Brief.
2. geben	....	→	....
3. öffnen	....	→	....
4. beraten	....	→	....
5. schreiben	....	→	....
6. dulden	....	→	....
7. anrufen	....	→	....
8. ausfüllen	....	→	....
9. abmahnen	....	→	....
10. verkaufen	....	→	....

§ 9

Neunte Grundregel: Bilden Sie maximal zwei Nebensätze

Bilden Sie maximal zwei Nebensätze. Entscheiden Sie sich für Hauptsätze und variieren Sie den Satzanfang, um Monotonie zu vermeiden. Bleiben Sie dabei inhaltlich klar, sprachlich korrekt und ästhetisch ansprechend!

1. Ampel der Einfachen Sprache:

0   1   2   3   4+

Ampel der Einfachen Sprache für Zahl der Nebensätze pro Aussage/Satz
(Richtwerte)

2. Begründung:

Ein Hauptsatz ist ein inhaltlich und grammatikalisch eigenständiger Satz.

> „Ich arbeite heute nicht." ☺

Sein Gegenbegriff ist der Nebensatz, der ohne den Hauptsatz keinen Sinn macht.

> ! „weil ich krank bin." ☹

Die Aussage „weil ich krank bin" für sich allein macht keinen Sinn. Wir erwarten eine Ergänzung.

Ich arbeite heute nicht	, weil ich krank bin
Hauptsatz	Nebensatz

Ein Nebensatz ist also ein Satz, der durch eine unterordnende Konjunktion (hier „weil") an einen Hauptsatz angebunden wird.

Den Hauptsatz erkennen Sie oft daran, dass das finite Verb (oben: arbeite) an zweiter Stelle im Satz steht. Beim Nebensatz steht das Verb oft (nicht immer!) am Ende (oben: bin).

Wenn Sie eine Fremdsprache lernen, egal ob Spanisch, Chinesisch oder Deutsch, lernen Sie zunächst das Formulieren von Hauptsätzen. Zum Beispiel:

„Mein Name ist Peter. Ich komme aus Bremen. Ich gehe gerne ins Kino." = 3 Hauptsätze

Später lernen Sie Nebensätze dazu:

„Mein Name ist Peter, was ein typischer deutscher Name ist. Ich komme aus Bremen, einer Stadt an der Weser. Ich gehe gerne ins Kino, weil ich gerne Filme gucke."

Je mehr Nebensätze Sie benutzen, desto schwieriger/komplexer wird Ihre Sprache. „Ich gehe ins Kino, weil ich gerne Filme, die im Genre Science-Fiction zu verorten sind, dessen Ursprünge im Hollywood des zwanzigsten Jahrhunderts liegen, gucke". Dies ist nur ein einfaches Beispiel. Solche Schachtelsätze sind überall zu finden. Gerade in behördlichen oder juristischen Zusammenhängen können solche Schachtelsätze deutlich schwieriger zu verstehen sein. Doch jeder Mensch kann die Nebensätze durch Hauptsätze ersetzen, ohne den Sinn zu verfälschen.

Auf der anderen Seite kann der Text oder die gesprochene Sprache nicht nur aus Hauptsätzen bestehen. Würden Sie nur in Hauptsätzen kommunizieren, garantieren Sie zwar das Prinzip des Verstehens, die Akzeptanz und die Ästhetik würden aber sehr darunter leiden. Daher gilt in der Einfachen Sprache die allgemeine Empfehlung, dass man möglichst wenige Nebensätze bilden sollte. Eine generelle Verteufelung von Nebensätzen wäre aus sprachlicher Sicht sinnlos.

Beachten Sie: Wir benutzen lange Sätze bei inneren Monologen und Gedankengängen (siehe zum Beispiel die Werke von Thomas Mann und Heinrich von Kleist). Lange Sätze lassen einen Text unübersichtlich erscheinen. Der Text wird zur mühsamen Lektüre. Auch in der gesprochenen Sprache kann man Ihnen schwer folgen, wenn Sie zwei, drei oder mehr Nebensätze mit einbauen.

Wenn Sie das nächste Mal also mehr Hauptsätze schreiben und sprechen, schließen Sie automatisch mehr Menschen in Ihre Kreise ein.

1). Nehmen wir an, Sie arbeiten in einer Gemeinschaftspraxis von Hausärztinnen und Hausärzten. In letzter Zeit kommen immer mehr Patientinnen und Patienten zu Ihnen, die sich nicht verständigen können. Damit in Zukunft die Verständigung besser klappt, möchten Sie sich bei einem Übersetzungsbüro über Angebote informieren. Sie könnten den Satz im „Original" sagen. Doch es geht auch „einfacher". Hier ist eine Option von vielen:

Original		Ein Vorschlag in Einfacher Sprache
Ich rufe Sie an, weil wir gestern in unserer Praxis einen neuen Patienten hatten, der leider kein Deutsch sprechen konnte, weshalb wir – damit die Verständigung beim nächsten Mal besser klappt – einen Dolmetscher brauchen und das würde ich nun gerne mit Ihnen klären.	→	Wir hatten gestern in unserer Praxis einen neuen Patienten. Der Patient spricht leider kein Deutsch. Damit wir uns mit ihm das nächste Mal aber verständigen können, brauchen wir einen Dolmetscher. Deshalb rufe ich Sie gerade an.

2). Nehmen wir an, Sie arbeiten in einer Firma für Informationstechnik, einem IT-Unternehmen. Mit einem kleinen Text auf Ihrer Website wollen Sie kleine sowie große Kunden „anlocken". Sie könnten den Original-Satz schreiben. Oder Sie entscheiden sich für die kundenfreundlichere Alternative in Einfacher Sprache:

Original		Ein Vorschlag in Einfacher Sprache
Wir sind ein Unternehmen, das im Bereich der Informatik tätig ist, das große sowie kleine Kunden berät und ihre Anliegen ernst nimmt und kompetent bearbeitet, sowie individuelle Lösungen anbietet und das diskret arbeitet.	→	Unser Unternehmen ist/Wir sind im Bereich der Informatik tätig. Wir beraten kleine sowie große Kunden, nehmen ihre Anliegen ernst und bearbeiten sie kompetent. Wir bieten dabei individuelle Lösungen an und arbeiten diskret.

3). Nehmen wir an, Sie arbeiten in einem Verlag und bekommen den Auftrag, die „Bremer Stadtmusikanten" zu „modernisieren". Den Satz im Original würden Sie vermutlich nicht so lassen, wie er ist. Und damit Sie dicht am Original bleiben, würden Sie sich höchstwahrscheinlich für die Version in Einfacher Sprache entscheiden:

Original		Ein Vorschlag in Einfacher Sprache[4]
„Von nun an getrauten sich die Räuber nicht weiter in das Haus, den vier Bremer Stadtmusikanten gefiel's aber so wohl darin, daß sie nicht wieder heraus wollten." (Bremer Stadtmusikanten).	→	„Von nun an trauten sich die Räuber nicht weiter in das Haus. Den vier Bremer Stadtmusikanten gefiel es dort aber so sehr, dass sie nicht wieder heraus wollten."

4). Nehmen wir an, Sie arbeiten als Abgeordnete in der Bremischen Bürgerschaft, dem Landesparlament. Sie wollen einer Besuchergruppe aus Schülerinnen und Schülern die Volksvertretung erklären. Ihr Praktikant liefert Ihnen den Satz im Original. Sie wollen den Satz freundlicher gestalten und suchen nach einer anderen Formulierung. Hier ist ein Vorschlag:

---

[4] Märchen sind sprachlich betrachtet etwas Besonderes. Beim Übertragen alter Märchen in die Einfache Sprache sollten Sie möglichst wenig elngreifen. Nur so behält das Märchen seinen Charme.

Original		Ein Vorschlag in Einfacher Sprache
Die Volksvertretung des Landes Bremen ist die Bremische Bürgerschaft, welche von den Bürgern auf vier Jahre gewählt wird, mit einer Wahl, die in zwei getrennten Bereichen stattfindet, wobei von den Bürgern 15 Abgeordnete in Bremerhaven und 68 Abgeordnete in Bremen gewählt werden.	→	Die Bremischer Bürgerschaft vertritt das Volk im Land Bremen. Die Bürgerinnen und Bürger wählen die Bremische Bürgerschaft auf vier Jahre. Die Wahl findet dabei in zwei Bereichen statt. In Bremerhaven werden 15 Abgeordnete gewählt, in Bremen 68 Abgeordnete.

5). Nehmen wir an, Sie sind Apotheker. Eine junge zugewanderte Frau aus Osteuropa macht bei Ihnen ein Praktikum. Die junge Frau ist fachlich exzellent ausgebildet, tendiert aber zu Schachtelsätzen. Eines Morgens sagt sie folgenden Satz im Original. Sie greifen den Satz auf und wollen einen einfacheren Vorschlag machen:

Original		Ein Vorschlag in Einfacher Sprache
Freiverkäufliche Medikamente sind jene Medikamente, die außerhalb von Apotheken, das heißt, in Supermärkten, Drogerien oder online gekauft werden dürfen, ohne dass man hierfür ein Rezept vom Arzt braucht.	→	Freiverkäufliche Medikamente sind Medikamente, die Sie ohne Arztrezept kaufen können. Diese Medikamente werden außerhalb von Apotheken verkauft. Sie finden sie zum Beispiel in Supermärkten, Drogerien oder online im Internet.

Tipp 1:

Schachtelsätze entstehen, wenn Sie möglichst viele Informationen in einem Satz verpacken wollen. Sie denken möglicherweise, dass der Leser oder die Leserin alles sofort wissen muss. Bei einem verschachtelten Satz geschieht genau das Gegenteil. Packen Sie den Satz so ein, dass die Leserin oder der Leser ihn mühelos entpacken kann. Teilen Sie die Bestandteile Ihrer Aussage auf. Sezieren Sie den Satz. Machen Sie aus einem Buchstabenbrei präzise portionierte Häppchen.

Tipp 2:

Identifizieren Sie die Nebensätze in Ihrem Text. Wandeln Sie sie dann in Hauptsätze um, falls der Nebensatz den Satz insgesamt viel zu lang macht:

Ich habe den syrischen Künstler, den du gestern erwähnt hast, heute zufällig in der Stadt gesehen.	→ Du hast gestern einen syrischen Künstler erwähnt. Ich habe ihn heute zufällig in der Stadt gesehen.

Tipp 3:

Welche Arten von Nebensätzen gibt es im Deutschen?

Nebensätze können in verschiedenen Rollen im Satz auftauchen:

Art des Nebensatzes		Erklärung		Beispiele
1. Subjekt– und Objektsätze	→	Subjekte sind normalerweise Handelnde in einem Satz (Paul isst einen Apfel) Paul = Subjekt; Apfel = Objekt. Manchmal übernehmen Nebensätze die Rollen von „Paul" und „Apfel".	→	Nebensatz als Subjekt: Dass er mich vorher gefragt hat, stimmt gar nicht. --- Nebensatz als Objekt: Er glaubt, dass er mich gesehen hat.
2. Adverbialsätze	→	Adverbialsätze ergänzen einen Hauptsatz durch bestimmte Informationen zu Ort, Zeit, Art und Weise des Geschehens, … Sie werden normalerweise mit einer Konjunktion eingeleitet (siehe die vollständige Liste im nächsten Tipp).	→	Adverbialsatz als Finalsatz (= zur Beschreibung eines Zwecks): Sprechen Sie bitte langsamer, damit der Deutschlernende Sie verstehen kann.
↓		↓		↓

Art des Nebensatzes		Erklärung		Beispiele
3. Indirekte Fragesätze	→	Wir benutzen indirekte Fragesätze, um die Inhalte der direkten Rede wiederzugeben. Die Nebensätze leiten wir dann entweder mit dem Fragewort (Interrogativpronomen) der ursprünglichen Frage oder mit der Konjunktion „ob" ein, wenn es sich um eine Ja/Nein-Frage handelt.	→	Ursprüngliche Frage: „<u>Wann</u> Sind Sie im Büro?" ↓ Indirekter Fragesatz: „Er fragt mich, <u>wann</u> ich im Büro sei." --- Ursprüngliche Frage: „Sind Sie im Büro?" ↓ Indirekter Fragesatz: „Er fragt mich, ob ich im Büro sei."
4. Uneingeleitete Nebensätze	→	Ein uneingeleiteter Nebensatz ist ein Nebensatz ohne Konjunktion. Nur bestimmte Verben im Hauptsatz lassen einen uneingeleiteten Nebensatz zu. Normalerweise erlauben Verben des Sagens und Denkens uneingeleitete Nebensätze. Viele dieser Sätze kann man mit „dass" umschreiben.	→	Sie dachte, wir hätten sie nicht gesehen. Sie sagte, sie sei rechtzeitig da. Er behauptet, er schafft es alleine.
5. Relativsätze	→	Mit Relativsätzen können wir ein Nomen des Hauptsatzes mit zusätzlichen Informationen näher beschreiben. Die Relativsätze werden durch ein Relativpronomen wie „der", „die", „das", „welcher", … eingeleitet. Der Relativsatz steht am Ende des Hauptsatzes oder wir schieben ihn in den Hauptsatz ein.	→	Relativsatz am Ende des Hauptsatzes: Mir gefällt das alte Antragsformular, <u>welches</u> wir letzte Woche ausgefüllt hatten. --- Eingeschobener Relativsatz: Das Antragsformular, <u>das</u> wir letzte Woche ausgefüllt hatten, gefällt mir besser.

Adverbialsätze im Deutschen

Adverbialsätze machen nähere Angaben zum Inhalt des Hauptsatzes. Ein Adverbialsatz ergänzt den Hauptsatz um Informationen unter anderem zum Zweck, zum Grund, zur Folge, zum Ort oder zur Zeit des Geschehens:

	Typ des Adverbialsatzes		Typische Konjunktion		Beispiele
a)	Adversativ (Gegensatz)	→	wohingegen	→	Der neue Antrag ist übersichtlich, wohingegen der alte ziemlich kundenunfreundlich war.
b)	Final (Zweck)	→	damit	→	Sei bitte schnell, damit wir rechtzeitig abliefern können.
c)	Kausal (Grund)	→	da, weil, denn	→	Ich rufe Sie an, weil wir ein kleines Problem mit der Internetverbindung haben.
d)	Konditional (Bedingung)	→	Falls, wenn	→	Melden Sie sich einfach, falls Sie weitere Fragen haben.
e)	Konsekutiv (Folge)	→	Dass, sodass	→	Er hatte so viel verdient, dass er vorzeitig in Rente gehen konnte.
f)	Konzessiv (zum Trotz)	→	obwohl	→	Die Behörde lehnte den Antrag ab, obwohl wir alles richtig ausgefüllt hatten.
g)	Lokal (Ort)	→	Wo, woher, wohin	→	Es ist egal, wo Sie fragen.
h)	Temporal (Zeit)	→	Nachdem, seit, bevor	→	Bevor du den Antrag abgibst, musst du erst unterschreiben.
j)	Modal (Art und Weise)	→	indem	→	Indem sich Faultiere kaum bewegen, sparen sie viel Energie.

5. Übungen:

A   Machen Sie aus den folgenden Schachtelsätzen jeweils mehrere abgeschlossene Sätze.

1). Wir nehmen an, Sie sind ein Flaggenliebhaber. Sie sind gerade dabei, in einem Sachbuch die Flaggen deutscher Bundesländer vorzustellen. Nun ist die Bremer Flagge dran:

Original

Die Flagge Bremens, die umgangssprachlich
auch als Speckflagge bezeichnet wird, ist
achtmal rot und weiß gestreift, und sie trägt
damit die Farben der Hanse, Rot und Weiß,
welche in Bremen überall anzutreffen sind.

→

Ein Vorschlag in Einfacher Sprache

....
....
....
....
....
....

2). Wir nehmen an, Sie sind eine Schriftstellerin und führen einen Blog. In regelmäßigen Beiträgen stellen Sie Autorinnen und Autoren vor, die im Exil schreiben oder geschrieben haben. Heute stellen Sie Khalil Gibran vor:

Original

Khalil Gibran, der 1883 im heutigen Libanon
geboren wurde, ist ein libanesisch-
amerikanischer Maler, Philosoph und Dichter,
dessen Werke, deren zentrale Motive um den
Gedanken kreisten, dass das Leben, die Liebe
und der Tod das Wesentliche für uns
Menschen sein sollen, in die meisten Sprachen
der Welt übersetzt wurden.

→

Ein Vorschlag in Einfacher Sprache

....
....
....
....
....
....
....
....

3). Wir nehmen an, Sie haben eine eigene berufliche Website. Sie erstellen gerade für Ihre Website eine Datenschutzerklärung. Mit einem einführenden Satz wollen Sie die Lesenden auf die zu erwartenden Inhalte in der Erklärung hinweisen:

Original

Damit Sie unsere Website in vollem Umfang
nutzen können und wir Ihnen dadurch unsere
Dienstleistungen anbieten können, werden
Ihre personenbezogenen Daten, zu denen z.B.
Name, Anschrift, Email-Adresse, u.ä gehören,
von uns erhoben und gespeichert, wobei Ihre
Daten von uns nur gemäß den Bestimmungen
des deutschen Datenschutzes verarbeitet
werden.

→

Ein Vorschlag in Einfacher Sprache

....
....
....
....
....
....
....
....
....

4). Wir nehmen an, Sie unterrichten in einer Gesamtschule in Bremen. In Ihrer Klasse sitzen ausschließlich geflüchtete Kinder, die Sie auf den Regelunterricht vorbereiten. Die Kinder sprechen Deutsch, haben aber Schwierigkeiten mit dem Fachdeutsch. Sie sind gerade dabei, über einen Ausflug zu sprechen, den Sie gestern zusammen unternommen haben:

Original		Ein Vorschlag in Einfacher Sprache
Nun lasst uns die Aktivitäten noch einmal in kurzer Form zusammenfassen, die wir gestern gemacht haben, als wir den Ausflug, sprich den ersten gemeinsamen Ausflug zum Rathaus in der Innenstadt gemacht haben und es – wie ihr wisst, den ganzen Tag dauerte, wobei wir am Ende des Tages aufgrund fehlender Zeit gar nicht dazu kamen, über eure Eindrücke zu sprechen.	→	....

5). Wir nehmen an, Sie machen Urlaub auf Mallorca. Ein Spanier bedient Sie gerade in einem Restaurant. Er merkt, dass Sie aus Deutschland kommen und versucht, mit Ihnen auf Deutsch zu sprechen. Sie sagen zunächst den Satz im Original. Doch erst im Laufe des Satzes merken Sie, dass der junge Mann nicht so gut spricht, wie Sie zunächst angenommen hatten. Sie wollen die gleiche Aussage nun einfacher ausdrücken:

Original		Ein Vorschlag in Einfacher Sprache
Könnten Sie mir vielleicht sagen, wie dieses Gericht noch mal hieß, bei dem man Toastbrot einweichen lässt, ganze Tomaten mit kochendem Wasser überbrüht und schält und rote Paprika würfelt um sie – nachdem man das Ganze püriert hat – über Nacht kalt zu stellen und der Suppe am nächsten Tag weitere Zutaten gibt und zum Schluss mit Basilikum–Blättchen bestreut?	→	....

B Folgende Sätze sind bereits in Einfacher Sprache. Können Sie erraten, wie das jeweilige Original ausgesehen haben mag?

1). Wir nehmen an, Sie arbeiten in einer Autovermietung. Ein Kunde hat einen Wildunfall verursacht. Zwei Wochen nach dem Unfall schicken Sie dem Kunden eine Rechnung mit den Kosten der Reparatur. Wie würden Sie mit dem Brief anfangen? So wie im Original, oder lieber mit weniger Nebensätzen?

Vereinfacht		Original
Sehr geehrter Herr Wagner, Sie haben am 30.01.2019 als Mieter des Wagens mit dem Kennzeichen XX–XXXX einen Wildunfall verursacht. Durch den Unfall ist ein erheblicher Schaden entstanden. Leider geht der Schaden über die Grenze der Selbstbeteiligung hinaus. ...	→	Sehr geehrter Herr Wagner, wie Ihnen bekannt ist, verursachten Sie am 30.01.2019 als Mieter des Wagens mit dem amtlichen Kennzeichen XX–XXXX einen Unfall, wodurch ein nicht unerheblicher Schaden entstanden ist, der leider über die Grenze der Selbstbeteiligung hinausgeht. ...

2). Wir nehmen an, Sie arbeiten bei einem Mobilfunkanbieter. Sie verfassen gerade einen Werbetext für eines Ihrer Angebote. Was würden Sie eher auf Ihrer Website veröffentlichen, das Original oder das Vereinfachte?

Vereinfacht		Original
...	→	....
Unser Angebot ist einmalig. Es befreit Sie von langen Vertragslaufzeiten und fixen Kosten. Trotzdem surfen, telefonieren und simsen Sie dauerhaft günstig. Denn nur Sie selber legen die Grenzen Ihrer Möglichkeiten fest.		....
...		....

3). Wir nehmen an, Sie arbeiten in einem Reisebüro. Was würden Sie eher auf Ihrer Website veröffentlichen, das Original oder das Vereinfachte?

Vereinfacht		Original
...	→	....
Sehr geehrte Kundin, sehr geehrter Kunde,		....
vielen Dank dafür, dass Sie Ihre nächste Reise zusammen mit uns organisieren möchten. Mit uns können Sie nicht nur einen einfachen Flug oder eine einfache Übernachtung buchen. Sie können auch Ihre nächste Pauschalreise buchen. Wir freuen uns auf alle Fälle jetzt schon auf Sie.		....
...		

§

10

Zehnte Grundregel: Gehen Sie sparsam mit dem Genitiv um

Bilden Sie maximal zwei Genitive im Satz. Bleiben Sie dabei inhaltlich klar, sprachlich korrekt und ästhetisch ansprechend!

1. Ampel der Einfachen Sprache:

0

    1

    2

    3

    4+

Ampel der Einfachen Sprache für Zahl der Genitive im Durchschnittssatz von 15 Wörtern
(Richtwerte)

Die deutsche Sprache kennt vier Fälle: Nominativ, Akkusativ, Dativ und Genitiv.

Genus Geschlecht	Nominativ (Wer-Fall)	Akkusativ Wen-Fall	Dativ Wem-Fall	Genitiv Wessen-Fall
maskulin	Der Mann schläft.	Der Lehrer isst den Apfel.	Der Sachbearbeiter gibt dem Vorgesetzten den Antrag.	Der Hut des Mannes ist weggeflogen.
feminin	Die Politikerin spricht.	Der Richter empfängt die Anwältin.	Die Freunde gratulieren der Gewinnerin.	Die Ausgaben der Bundesregierung sind gestiegen.
neutral	Das Kind malt gerade.	Viele Menschen besuchen das Museum.	Die Mutter gab dem Mädchen ein Eis.	Die Straßen des Dorfes sind eng.

Am häufigsten kommt im Sprachgebrauch der Nominativ vor. Daher ist der Wer-Fall am einfachsten. An zweiter Stelle steht der Akkusativ. Seltener als der Nominativ und der Akkusativ kommt der Dativ (Wem-Fall) vor. Doch am seltensten – und entsprechend am relativ schwierigsten – ist der Genitiv.

Wir verwenden den Genitiv in drei Fällen:
a. Wenn wir die Zugehörigkeit anzeigen wollen → Die Unterschrift meiner Chefin.
b. Bei bestimmten Präpositionen, zum Beispiel trotz, statt, wegen… → Wegen des schlechten Wetters findet die Veranstaltung in der Halle statt.
c. Nach bestimmten Verben, zum Beispiel sich einer Sache annehmen, jemanden einer Sache beschuldigen: → Bitte haben Sie etwas Geduld. Wir werden uns gleich des Problems annehmen.

Der Genitiv ist nicht per se schwierig. Der Aufwand seiner Bildung ist nicht wesentlich größer als beim Dativ. Klar ist jedoch:
- Der Genitiv kommt in der Schriftsprache deutlich häufiger vor als im Mündlichen.
- Mit dem Genitiv wird im Satz der Sinn verdichtet. Kommt er jedoch häufig vor, erschwert der Genitiv das Verstehen eines Textes oder eines Gesprächs.
- Die Forschung des Sprachwandels zeigt: Der Genitiv wird immer seltener verwendet.

Vom Tod des Genitivs zu sprechen ist irreführend. Wie es der Fall bei vielen Phänomenen des Sprachgebrauchs ist, geht es auch beim Genitiv um die richtige Dosierung.

Beispiel: Das Kind der Nachbarin der Freundin der Tante meines Mannes hat einen Preis gewonnen.

Sie merken sicherlich: Kein Genitiv ist keine Lösung, viel Genitiv ist jedoch ein Problem.

Wenn man Deutsch lernt, lernt man die Fälle in dieser Reihenfolge: Nominativ → Akkusativ → Dativ → Genitiv. Wenn Ihre Zielgruppe Menschen sind, die Deutsch lernen, sollten Sie an diese Reihenfolge denken.

1). Nehmen wir an, Sie arbeiten als Sachbearbeiter in einer Gastronomie-Kette. Sie sind gerade dabei, die Finanzen zu prüfen und haben eine Frage an einen Zulieferer. In Ihrer Email taucht der nachfolgende Satz auf. Doch es geht auch „einfacher". Hier ist eine von vielen weiteren möglichen Optionen aus der Einfachen Sprache:

Original

Die Angaben des Zulieferers der Farbstoffe der Backwaren des Bio-Bereichs sind gesetzlich vorgeschrieben.

→

Ein Vorschlag in Einfacher Sprache

Der Zulieferer muss Angaben zu den Farbstoffen machen. Diese Angaben sind gesetzlich vorgeschrieben, wenn sich Farbstoffe bei Backwaren im Bio-Bereich finden.

2). Nehmen wir an, Sie arbeiten als Polizist und müssen ein Protokoll schreiben. Es geht um die Verhaftung eines Verdächtigen. Sie könnten den Original-Satz schreiben. Doch es geht auch „einfacher". Hier ist ein Vorschlag:

Original

Der Verdächtige konnte während der Aufnahme der Anmeldung der Eheschließung der Schwester des Verdächtigen festgenommen werden.

→

Ein Vorschlag in Einfacher Sprache

Wir nahmen den Verdächtigen fest, als seine Schwester ihre Eheschließung anmelden wollte.

3). Nehmen wir an, Sie arbeiten als Klempner. Sie sind gerade dabei, einem Kunden die Ursache für das Problem mit dem Waschbecken zu erklären. Sie könnten den Satz im Original sagen. Doch es geht auch „einfacher". Hier ist ein Vorschlag:

Original

Die Gummi-Dichtung des Ventils des Ablaufs des Waschbeckens wurde einfach vergessen.

→

Ein Vorschlag in Einfacher Sprache

Die Gummi-Dichtung für das Ablaufventil im Waschbecken wurde einfach vergessen. Oder, noch einfacher: Der letzte Klempner hat die Gummi-Dichtung vergessen.

4). Nehmen wir an, Sie arbeiten als Geschäftsführerin einer gemeinnützigen Einrichtung für Weiterbildung. Bei der Jahresversammlung sprechen Sie vor rund hundert Ihrer Mitarbeiter. Sie könnten im Laufe Ihrer Rede den Satz im Original sagen. Doch es geht auch „einfacher". Hier ist ein Vorschlag:

Original

Die Erreichung der Ziele der Vorgaben der Behörden des Landes war nicht einfach.

→

Ein Vorschlag in Einfacher Sprache

Die Ziele zu erreichen, die die Landesbehörden in Ihren Vorgaben formuliert hatten, war nicht einfach.

5). Nehmen wir an, Sie arbeiten in einer Bäckerei-Kette. Sie sind gerade dabei, einen Aushang mit Hinweisen zu Zusatzstoffen zu formulieren. Der Aushang soll in den Bäckereien der Kette für die Kunden sichtbar stehen. Sie könnten im Laufe des Textes den Satz im Original schreiben. Doch es geht auch „einfacher". Hier ist ein Vorschlag:

Original

Um die Zeit der Verarbeitung des Teigs der Brötchen unserer Bäckerei zu verkürzen, fügen wir Aminosäuren hinzu.

→

Damit wir den Teig für unsere Brötchen schneller verarbeiten, fügen wir Aminosäuren hinzu.

4. Tipps für die Praxis:

Tipp 1:

Sie können den Possessivgenitiv durch „von" ersetzen:

Die Werke Schillers → Die Werke von Schiller

Mit „von" können Sie auch die Unbestimmtheit von Pluralausdrücken wiedergeben:

Sie ist die Besitzerin der drei Immobilien → Sie ist eine Besitzerin von drei Immobilien

Tipp 2:

In bestimmten Fällen können Sie ganz auf den Genitiv verzichten, indem Sie das Verb „gehören" + Dativ verwenden:

Das ist das Haus meiner Mutter. → Das Haus gehört meiner Mutter.

Der Ausweis des Verdächtigen. → Der Ausweis gehört dem Verdächtigen.

Tipp 3:

Sie können den Genitiv durch ein Verb ersetzen:

Sie müssen für das Ausfüllen des Antrags sorgen. → Sie müssen dafür sorgen, dass der Antrag ausgefüllt wird.

Wann ist die Ankunft des Busses? → Wann kommt der Bus an?

Wir bieten die Anerkennung beruflicher Abschlüsse an. → Wir erkennen berufliche Abschlüsse an.

Tipp 4:

Sie können den Genitiv durch ein Kompositum vermeiden. Dies ist jedoch nur bei sehr kurzen Substantiven zu empfehlen:

Die Angabe der Zeit → Die Zeitangabe

Das Bild des Passes → Das Passbild

Der Macher des Hutes → Der Hutmacher

Die Tür des Hauses → Die Haustür

Tipp 5:

Ersetzen Sie den Genitiv durch den Dativ, wenn vor dem Nomen ein Genitivattribut steht:

Wegen Sarahs letzten Wutausbruchs → Wegen Sarahs letztem Wutausbruch

Tipp 6:

Um einfacher zu werden, können Sie den Genitiv nach einigen Präpositionen durch „von" ersetzen:

Unterhalb des Flusses → Unterhalb vom Fluss

Tipp 7:

Sie können den Genitiv vermeiden, indem Sie den ganzen Satz umformulieren:

Alle zusätzlichen Kosten gehen zulasten des Käufers → Der Käufer zahlt alle zusätzlichen Kosten.

5. Übungen:

A Ergänzen Sie bitte die Antworten. Bilden Sie dabei den Genitiv. Folgen Sie dem ersten Beispiel.

Frage		Antwort im Genitiv
1. Gehören die Bücher unserem Lehrer?	→	Ja, das sind die Bücher *unseres Lehrers.*
2. Hat der Mittelgeber diese Vorlagen gemacht?	→	Ja, es handelt sich um die Vorgaben . . . .
3. Hast du den Ordner von Christina?	→	Nein, ich habe . . . . Ordner nicht.
4. Will sie keinen direkten Kommentar machen?	→	Ja, sie enthält sich . . . .
5. Haben alle Befragten ihre Stimme abgegeben?	→	Nein, ein Fünftel (der Befragten) enthielt sich . . . .
6. Ist das nicht der Freund von deiner jüngeren Schwester?	→	Ja, das ist der Freund . . . .
7. Werdet Ihr die Situation meistern?	→	Ja, wir werden . . . . Herr.
8. Hat man ihn in Verbindung mit der Korruption bringen können?	→	Ja, die Staatsanwaltschaft klagt ihn schon . . . . an.
9. Ist er wirklich dazu fähig, einen Mord zu begehen?	→	Nein, ich denke nicht. Er ist nicht . . . . fähig.
10. Bist du dir sicher, dass du Erfolg haben wirst?	→	Ja, ich bin mir . . . . gewiss.

B Stellen Sie eine Frage im Genitiv. Folgen Sie dem ersten Beispiel.

Antwort im Genitiv		Frage
1. Das sind die Angaben des Antragstellers.	→	*Wessen Angaben sind diese?*
2. Das ist Website des Politikers.	→	. . . .
3. Ich suche den Ordner von Herrn Mohammad.	→	. . . .
4. Es ging um die Leiden des jungen Werthers.	→	. . . .
5. Sie schrieb über die E-Mail-Adresse ihrer Vorgesetzten.	→	. . . .

C Nehmen wir an, Sie arbeiten oft mit Zugewanderten zusammen. Um Ihre Sprache zu vereinfachen, wollen Sie den Genitiv vermeiden. Wie würden Sie vorgehen? Schreiben Sie folgende Sätze sinngemäß um. Vermeiden Sie dabei den Genitiv:

Genitiv		Umschreibung ohne Genitiv
1. Ist das die Unterschrift des Betroffenen?	→	Hat der Betroffene hier unterschrieben?
2. „Faust. Eine Tragödie" ist ein Werk des Schriftstellers Goethe.	→	....
3. Über die Abfahrt der Züge können Sie sich an der Anzeigetafel informieren.	→	....
4. Das Glück war diesmal aufseiten des Gegners.	→	....
5. Früher waren die Anlagen nicht innerhalb, sondern außerhalb der Halle.	→	....
6. Mangels ausreichenden Interesses wurde das Projekt nicht verlängert.	→	....
7. Nur mithilfe Ihrer Zusammenarbeit können wir das Problem lösen.	→	....
8. Aufgrund der schlechten Nachfrage müssen wir umdenken.	→	....
9. Der Unfall passierte infolge dichten Nebels.	→	....
10. Laut der Bundesagentur für Arbeit dürfen Sie dieses Praktikum machen.	→	....

D Folgende Präpositionen erfordern einen Genitiv. Schreiben Sie jeweils ein Beispiel im Genitiv und eine entsprechende Umformulierung ohne den Genitiv.

Präposition	Genitiv		Umformulierung ohne Genitiv
1. trotz	Trotz seiner vielen Versuche scheiterte er am Ende.	→	Obwohl er viel versucht hatte, scheiterte er am Ende.
2. angesichts	....	→	....
3. anhand	....	→	....
4. anlässlich	....	→	....
5. (an)statt	....	→	....
6. aufgrund	....	→	....
7. bezüglich	....	→	....
8. mithilfe	....	→	....

9. um…willen . . . . → . . . .
. . . .

10. während . . . . → . . . .
. . . .

§

11

Elfte Grundregel: Gehen Sie „ökonomisch" mit der Sprache um. Verzichten Sie auf überflüssige Informationen.

Bleiben Sie bei der Kommunikation so ausführlich wie notwendig und so kurz wie möglich. Gehen Sie so vor, dass Sie mit dem möglichst geringen sprachlichen Einsatz den möglichst größten informativen Nutzen bewirken. Bleiben Sie dabei inhaltlich klar, sprachlich korrekt und ästhetisch ansprechend!

1. Ampel der Einfachen Sprache:

relevant	eher relevant	neutral	eher nicht relevant	nicht relevant

Ampel der Einfachen Sprache für die Relevanz einer Information

Wer etwas Wichtiges zu sagen hat, sagt etwas Wichtiges. Überflüssige Informationen sorgen dafür, dass sich der Text oder das Gespräch unnötig in die Länge zieht. Das ist dann nicht nur aus ästhetischen Gründen ein Nachteil, sondern auch aus Gründen der Verständlichkeit. Denn wir lesen mit einer bestimmten Menge an Energie und Zeit. Diese dürfen nicht für Überflüssiges, Verzichtbares aufgebraucht werden.

Vor allem im beruflichen Alltag wird dieser Umstand deutlich. Sicherlich haben auch Sie mit einer immer größer werdenden Flut an Informationen (Emails, Broschüren, Briefen, etc.) zu kämpfen. Die Zeit wird gleichzeitig immer knapper.

Ihrem Leser oder Zuhörer geht es nicht viel anders. Seine Zeit und seine Lese-Energie sind begrenzt. Drücken Sie sich daher nicht geschwollen aus. Schonen Sie die Zeit und die Lese-Energie Ihres Gegenübers.

Überflüssige Informationen finden sich – oft ohne dass wir dies selber merken – auf verschiedenen Ebenen im Text und Gespräch:

Wortebene: Manche Wörter haben Silben, die sie nicht unbedingt brauchen. Sie können diese Silben streichen:

☹ statt so:		☺ lieber so:
verschicken	→	schicken
Rückantwort	→	Antwort
übersenden	→	senden

Satzebene: In machen Sätzen können Teile weggelassen werden, ohne dass der Inhalt oder der Stil darunter leidet:

☹ statt so:		☺ lieber so:
Sie nickte mit dem Kopf	→	Sie nickte.

Textebene: Auch auf der Textebene finden sich manchmal Sätze oder ganze Absätze, die überflüssig sind. So einen Fall haben wir, wenn wir den Inhalt einer empfangenen Email in unserer Antwort-Email wiedergeben wollen. Der Rezipient unserer Email, der, oder die die ursprüngliche Email verfasst hat, braucht die Wiedergabe nicht immer.

Denken Sie daran: Ein Satz ist erst vollständig, wenn Sie kein Wort mehr streichen können!

3. Beispiele:

Original		Ein Vorschlag in Einfacher Sprache
1. Rückantwort	→	Antwort
2. übersenden	→	senden
3. angepeilte Zielgruppe	→	Zielgruppe
4. die durchgeführte Untersuchung	→	die Untersuchung
5. Unsere getroffene Entscheidung lautet...	→	Unsere Entscheidung lautet...
6. Sie nickte mit dem Kopf und verstand.	→	Sie nickte und verstand.
7. An dieser Stelle möchte ich Sie daran erinnern, dass ...	→	Ich möchte Sie daran erinnern, dass ...
8. Die Tatsache, dass wir Sie jederzeit mit unserem Wissen unterstützen ...	→	Wir unterstützen Sie jederzeit mit unserem Wissen ...
9. Bei äußerst dringenden Notfällen empfehlen wir Ihnen, einen Arzt anzurufen.	→	Bei Notfällen empfehlen wir Ihnen, einen Arzt anzurufen. Oder, noch einfacher: Bei Notfällen rufen Sie einen Arzt an.
10. Beide Parteien akzeptierten stillschweigend den Vorschlag des Mediators.	→	Beide Parteien akzeptierten schweigend den Vorschlag des Mediators. Oder, noch einfacher: Der Mediator machte einen Vorschlag. Beide Parteien akzeptierten ihn schweigend.

4. Tipps für die Praxis:

Tipp 1:

Streichen Sie Silben, Wörter, Sätze oder ganze Absätze nur in diesen Fällen:

Fall A
Sie können etwas streichen, wenn Sie den gleichen (langen) Inhalt durch einen kürzeren ersetzen können:

Die Tatsache, dass wir Sie jederzeit mit unserem Wissen unterstützen … → Wir unterstützen Sie jederzeit mit unserem Wissen …

Ich habe Ihnen das Formular geschickt. Bitte füllen Sie das Formular aus und schicken Sie das Formular an uns zurück. → Ich habe Ihnen das Formular geschickt. Bitte füllen Sie es aus und schicken Sie es (an uns) zurück.

Fall B
Sie können etwas streichen, wenn die Information sonst „doppelt gemoppelt" (zum Beispiel bei Pleonasmus) wäre:

Rückerstattung → Erstattung
Außenfassade — Fassade
Alter Greis — Greis
Weißer Schimmel — Schimmel

Der Coach arbeitet gerne mit Gesichtsmimik. → Der Coach arbeitet gerne mit Mimik.

Fall C
Sie können etwas streichen, wenn die Information selbstverständlich ist. Denken Sie aber daran: Die Information muss nicht für Sie selbstverständlich sein, sondern für die Person, an die sie sich richtet:

Unsere getroffene Entscheidung steht fest. → Unsere Entscheidung steht fest.

An dieser Stelle möchte ich Sie erinnern, dass… → Ich möchte Sie daran erinnern, dass … Oder, noch einfacher: Bitte denken Sie daran, dass …

Fall D
Sie können etwas streichen, wenn es sich dabei um ein Füllwort handelt (siehe vierte Grundregel).

Lassen Sie Ihre Kollegen Ihren Text kürzen. Bei eigenen Texten verlieren wir oft den Kompass für das Wichtige. Ihre Kollegen haben die nötige Distanz, um unnötige Gewächse im Garten Ihres Textes zu jäten. Neben den Füllwörtern gehören zum „unnötigen Gewächs" viele andere Sachen, zum Beispiel Adjektive und Partizipien:

Der geäußerte Vorschlag → Der Vorschlag   Andere Alternativen → Alternativen

Trainieren Sie mit Hilfe von linguistischen Frames Ihren Sinn für das Geläufige. Frames sind mentale Netze, in denen unser Weltwissen über einen Gegenstand, einen Prozess oder einen Begriff organisiert ist. Jede kommunikative Einheit (ein Wort, eine Zeichnung, ein Laut, …) ruft automatisch ein bestimmtes Frame ab. Zum Beispiel ruft der Ausdruck „Informationsübermittlung" ein Frame hervor, der mindestens folgende Elemente beinhaltet:

Sender: ein Mensch, ein Computerprogramm, ein Land, …
Empfänger: ein Mensch, ein Computerprogramm, ein Land, …
Gegenstand: eine Information, eine Nachricht, …

Das Frame lässt sich nicht nur erweitern, sondern auch perspektivieren. Aus Sicht des Senders heißt es: *eine Information geben*. Aus der Sicht des Empfängers: *eine Information bekommen*.

Dass diese Elemente zum Frame gehören, haben wir aus der wiederholten Erfahrung gelernt. Es ist Weltwissen.

Jedes Frame hat Standartwerte. Hierbei handelt es sich um Daten, die typischerweise zu erwarten sind. Die Standardwerte sind von den konkreten Füllwerten zu unterscheiden. Konkrete Füllwerte sind Daten, die aktuell in der Situation vorkommen.

Beispiel: Wie lässt sich das Frame „Haus" beschreiben? Welche Standardwerte sind zu erwarten und welche konkreten Füllwerte werden situativ verwendet?

Frame-Überschrift:	Haus				
	Stellung zu Nachbarhäusern	Bauform	Baumaterial	Nutzung	…
Standardwerte:	Freistehendes Haus, Doppelhaus (Doppelhaushälfte), Reihenhaus, …	Blockhaus, Fachwerkhaus, Erdhaus, …	Massivholzhaus, Stahlhaus, Fertighaus aus Beton, Glashaus, …	Einfamilienhaus, Gartenhaus, Schrebergartenhaus, …	…
Konkrete Füllwerte:	Meine Tante und Ihr Ehemann haben ein Reihenendhaus in einem Mehrfamilienhaus gekauft. Das Haus ist aus Massivholz gebaut und …				…

Bei der Kommunikation in Einfacher Sprache sollten Sie sich stets fragen, welche Standardwerte Ihr Gegenüber kennen könnte.

5. Übungen:

Streichen Sie überflüssige Informationen. Schreiben Sie gegebenenfalls um:

Original		Einfache Sprache
1. Haifisch	→	*Hai*
2. auseinanderdividieren	→	
3. vorbeigehender Passant	→	
4. Diese Diskussion müssen wir morgen weiter fortsetzen.	→	
5. Ich kann ihn ziemlich gut leiden.	→	
6. Dieser Fall fällt nicht in den Bereich meiner Pflichten.	→	
7. Ihr Schreiben vom 12.05.2019, in dem Sie einen Antrag auf Fahrkosten gestellt haben, ist uns abhandengekommen. Die beantragten Fahrtkosten kann ich aus diesem Grund nicht ohne Weiteres erstatten.	→	
8. Lisa stürmte schnell in das Zimmer, wo Peter allein ohne andere Personen auf dem Bett saß. „Peter", sagte Lisa während feuchte Tränen ihre Wangen abwärts hinunterrollten, „liebst du mich noch?", fragte Lisa. Peter hob den Kopf und schaute sie fest an. „Ja" antwortete Peter (er) und nickte dabei mit dem Kopf.	→	

Viele feste Verb-Nomen-Verbindungen lassen sich kürzer, prägnanter und „ökonomischer" umschreiben. Ersetzen Sie folgende Verbindungen durch ein einzelnes Verb:

Original		Einfache Sprache	Feste Verbindung		Kurzer Ersatz
1. Er hat seinem Vater einen Besuch abgestattet.	→	Er hat seinen Vater besucht.	Jemandem einen Besuch abstatten	→	jemanden besuchen
2. Sie haben die Verhandlungen endlich zum Abschluss gebracht.	→		Etwas zum Abschluss bringen	→	
3. Der Geschäftsführer hat lediglich seine Bedenken zur Sprache gebracht.	→		Etwas zur Sprache bringen	→	

4. Er hat Anklage gegen seinen Nachbarn erhoben. → .... | Anklage gegen jemanden erheben → ....

5. Wir können für diese Materialien keine Verwendung finden. → .... | Eine Verwendung für etwas finden → ....

6. Die Stadtverwaltung hat ihre Zustimmung zum Kauf gegeben. → .... | Zustimmung zu etwas geben → ....

7. Er hat die Überzeugung gewonnen, dass es keinen Sinn mehr macht. → .... | Die Überzeugung gewinnen → ....

8. Nachdem der Minister den neuen Bericht gelesen hatte, ist er zum Entschluss gekommen, das Projekt abzubrechen. → .... | Zum Entschluss kommen → ....

9. Er muss für den zerbrochenen Stift Ersatz leisten. → .... | Ersatz leisten → ....

10. Bitte setzen Sie uns in Kenntnis, sobald sich etwas ändert. → .... | Jemanden (von/ über etwas) in Kenntnis setzen → ....

Lösungen

Bitte beachten Sie: Bei den Lösungen handelt es sich lediglich um Vorschläge! Diese müssen nicht immer mit Ihren Vorschlägen übereinstimmen. Schreiben Sie dem Autor, falls Sie Fragen zu den Vorschlägen haben.

Erste Grundregel

Übung A:

1: später → folgend/ kommend → künftig → zukünftig → fürderhin
2: aktuell → momentan → gegenwärtig/ derzeit(ig) → zeitweilig → kontemporär
3: jetzt → im Moment/ gerade → im Augenblick → zum aktuellen Zeitpunkt → justament
4: hier sein → kommen → eintreffen/ erscheinen → sich einfinden → hiesigen Bestimmungsort erreichen
5: sehr → total → äußerst/ ausgesprochen → ungeheuerlich → höchlich/ richtiggehend

Übung B:

1:

Du darfst während der Prüfung Hilfsmittel benutzen.

Du darfst während der Prüfung Hilfsmittel einsetzen.

Du darfst während der Prüfung Hilfsmittel verwenden.

Du darfst während der Prüfung Hilfsmittel in Anspruch nehmen.

Du darfst während der Prüfung Hilfsmittel zum Einsatz bringen.

2:

Wir arbeiten an unterschiedlichen Themen.

Wir behandeln unterschiedliche Themen.

Wir beschäftigen uns mit unterschiedlichen Themen.

Wir befassen uns mit unterschiedlichen Themen.

Wir nehmen uns unterschiedlichen Themen an.

3:

Ihre Dokumente sind wichtig für die weitere Beratung.

Ihre Dokumente sind obligatorisch für die weitere Beratung.

Ihre Dokumente sind erforderlich für die weitere Beratung.

Ihre Dokumente sind unersetzlich für die weitere Beratung.

Ihre Unterlagen sind unentbehrlich für die weitere Beratung.

4:

Ich muss das Gespräch leider beenden.

Ich muss das Gespräch leider abbrechen.

Ich muss mit dem Gespräch leider Schluss machen.

Ich muss das Gespräch leider beendigen.

Ich muss das Gespräch leider zum Ende bringen.

5:

Gehen Sie in den ersten Stock. Dort wird Ihnen ein Mitarbeiter helfen.

Gehen Sie in den ersten Stock. Dort wird ein Mitarbeiter Sie unterstützen.

Gehen Sie in den ersten Stock. Dort wird Ihnen ein Mitarbeiter zur Verfügung stehen.

Gehen Sie in den ersten Stock. Dort wird Ihnen ein Mitarbeiter Hilfe gewähren.

Gehen Sie in den ersten Stock. Dort wird sich ein Mitarbeiter helfend um Ihr Anliegen kümmern.

6:

Bitte machen Sie weiter.

Bitte sprechen Sie weiter.

Bitte erzählen Sie weiter.

Bitte setzen/ fahren Sie fort.

Bitte schreiten Sie fort.

7:

Sie haben kein Geld auf dem Konto.

Ihr Konto ist leer.

Sie haben Null Euro auf dem Konto.

Ihr Guthaben ist aufgebraucht.

Ihr Konto weist ein Guthaben in Höhe von Null Euro auf.

8:

Wollen wir starten?

Geht es los?

Wollen wir beginnen/ anfangen?

Wollen wir fortschreiten?

Wollen wir zur Tat schreiten?

9:

Ich bin nicht für Sie zuständig. Bitte gehen Sie zum Standesamt-Mitte.

Ich bin nicht für Sie zuständig. Bitte laufen/fahren Sie zum Standesamt-Mitte.

Ich bin nicht für Sie zuständig. Bitte begeben Sie sich zum Standesamt-Mitte.

Ich bin nicht für Sie zuständig. Bitte statten Sie Standesamt-Mitte einen Besuch ab.

Ich bin nicht für Sie zuständig. Bitte statten Sie Standesamt-Mitte eine Visite ab.

10:

Wenn du den Test bestehen willst, musst du mehr lernen.

Wenn du den Test bestehen willst, musst du fleißiger lernen.

Wenn du den Test bestehen willst, musst du dich mehr bemühen.

Wenn du den Test bestehen willst, musst du dich mehr anstrengen.

Wenn du den Test bestehen willst, musst du deine Bemühungen intensivieren.

Zweite Grundregel

Übung A

1). Kleidung → 1: Jeans, 2: Bluse, 3: Hose, 4: Schuhe, 5: Unterwäsche.
2). Getränke → 1: Saft, 2: Bier, 3: Wein, 4: Kaffee, 5: Milch.
3). Sportarten → 1: Fußball, 2: Basketball, 3: Tennis, 4: Klettern, 5: Schwimmen.
4). Tiere → 1: Kuh, 2: Hund, 3: Maus, 4: Löwe, 5: Pferd.
5). Bäume → 1: Apfel, 2: Kastanie, 3: Eiche, 4: Ahorn, 5: Fichte.
6). Deutsche Begrüßungsformeln → 1: Hallo, 2: Guten Tag, 3: Guten Abend, 4: Guten Morgen, 5: Moin (in Norddeutschland).
7). Öffentliche Verkehrsmittel → 1: Bus, 2: Straßenbahn, 3: S-Bahn (Schnellbahn), 4: Zug, 5: U-Bahn (Untergrundbahn).
8). Gewässer → 1: Ozean, 2: Meer, 3: See, 4: Fluss, 5: Bach.
9). Modalverben → 1: wollen, 2: müssen, 3: sollen, 4: mögen, 5: können.
10). Bewerbungsunterlagen → 1: Anschreiben, 2: Lebenslauf, 3: Zeugnisse, 4: Foto, 5: Referenzen.

Übung B

-heit: 1: Hoheit, 2: Faulheit, 3: Weisheit, 4: Eigenheit
-keit: 1: Fertigkeit, 2: Heiterkeit, 3: Dankbarkeit, 4: Unbequemlichkeit
-ung: 1: Versorgung, 2: Entwicklung, 3: Ermessung, 4: Befriedigung
-schaft: 1: Leserschaft, 2: Täterschaft, 3: Käuferschaft, 4: Bürgerschaft
- tion: 1: Notation, 2: Induktion, 3: Konzeption, 4: Prävention
-ion: 1: Annexion, 2: Prozession, 3: Emission, 4: Impression
-nis: 1: Erschwernis, 2: Erzeugnis, 3: Bedürfnis, 4: Versäumnis
-tum: 1: Brauchtum, 2: Siechtum, 3: Wachstum, 4: Unternehmertum
-tät: 1: Kompatibilität, 2: Effektivität, 3: Kapazität, 4: Parität

Übung C

Einfamilienhaus, Batterie, Brille, Auto und Fluss sind konkrete Begriffe. Man kann sie sehen. Sie lassen sich daher relativ einfach malen. Zuversicht, Mutwilligkeit und Frommheit sind hingegen deutlich schwieriger zu malen. Sie sind abstrakte Begriffe.

Übung D

1: Haus, 2: Körper(-teile), 3: Sprachen, 4: Produkte von Apple/ Elektro-Geräte, 5: Flüssigkeiten, 6: Möbel, 7: Auto-Marken

Musikinstrumente	Instrumentalisten	Musikstile	Orte
Saxofon	Pianist	Jazz	Club
Klavier	Akkordeonist	Rock	Opernhaus
Harfe	Blockflötist	Blues	Diskothek
Cello	Fagottist	Hip-Hop	Konzertsaal
Trommel	Bratschist	Dubstep	Musikschule

Dritte Grundregel

Übung A

Art des Kompositums	**zusammen**	**getrennt**
1. Nomen + Nomen	Villenviertel	Ein Viertel mit vielen Villen
2.	Autotür	Tür des Autos / Tür vom Auto
3.	Reiswaffel	Waffel aus Reis
4.	Sommerschlussverkauf	Verkauf zum Schluss des Sommers
5. Verb + Nomen	Verladebahnhof	Bahnhof zum Verladen
6.	Suchmaschine	Maschine, die sucht
7.	Wanderschuhe	Schuhe zum Wandern
8.	Wartesaal	Saal, in dem man wartet
9. Adjektiv + Nomen	Gebrauchtwagen	Ein gebrauchter Wagen
10.	Kleingarten	Ein kleiner Garten
11.	Höchststrafe	Die höchste Strafe
12.	Endlosmonolog	Ein endloser Monolog
13. Adverb + Nomen	Bruttoeinkommen	Das gesamte Einkommen
14.	Linkskurve	Kurve nach links
15.	Soforthilfe	Sofortige Hilfe / Hilfe, die sofort kommt
16.	Blankovollmacht	Unbeschränkte Vollmacht

Übung B

1. Kirschentkerngerät   →   Gerät zum Entkernen von Kirschen

2. Tonbandgerät   →   Gerät zur Aufzeichnung und Wiedergabe von Tönen

3. Kochbuch → Buch über Kochen
4. Esstischlampe → Lampe auf dem Esstisch
5. elefantengroß → Groß wie ein Elefant

Übung C

1. Fasenhuß → Hasenfuß
2. Dutterbose → Butterdose
3. Wachtnanderung → Nachtwanderung
4. Schonnensein → Sonnenschein
5. Gischfräte → Fischgräte
6. Tochenwag → Wochentag
7. Bußfall → Fußball
8. Hettungsrubschrauber → Rettungshubschrauber
9. Aedienungsbnleitung → Bedienungsanleitung
10. Wprachsissenschaftler → Sprachwissenschaftler

Übung D

1.	–wehr	–alarm	–löscher	→	Feuer
2.	–uhr	–tapete	–regal	→	Wand
3.	–arzt	–schuhe	–fassade	→	Haus
4.	–wirtschaft	–tag	–zunge	→	Land
5.	–heim	–arzt	–klinik	→	Tier
6.	–fahrer	–unfall	–bahnhof	→	Bus
7.	–platz	–haus	–scheibe	→	Park
8.	–umstellung	–lupe	–reisen	→	Zeit
9.	–tennis	–decke	–lampe	→	Tisch
10.	–buch	–nummer	–zelle	→	Telefon

Übung E

1.	Post	→	–karte	–stempel	–bote
2.	Schlüssel	→	–dienst	–anhänger	–blume
3.	Schul	→	–ferien	–ranzen	–pflicht
4.	Wunsch	→	–kennzeichen	–termin	–denken
5.	Muster	→	–lösung	–haus	–ring
6.	Kino	→	–starts	–film	–gutschein
7.	Reifen	→	–druck	–wechsel	–profil

8.	Seiten	→	–umbruch	–zahl	–sprung
9.	Wetter	→	–dienst	–warnung	–station
10.	Sommer	→	–ferien	–kleider	–zeit

Vierte Grundregel

Übung A

a. anscheinend	e. einfach	i. irgendwie	m. im Prinzip
b. vielleicht	f. besonders	j. schon	n. regelrecht
c. ja	g. grundsätzlich	k. eigentlich	o. sozusagen
d. halt	h. ganz und gar	l. nun	p. bestimmt

1. → Sie ist halt eine regelrecht ausgezeichnete Mitarbeiterin.

2. → Besonders klug war er dabei eigentlich nicht.

3. → Ich bin gegenüber solchen Vorschlägen grundsätzlich schon offen.

4. → Es klappt irgendwie ganz und gar nicht.

5. → Anscheinend schafft sie es durch sozusagen Ihre Natürlichkeit, Menschen für ihre Sache zu begeistern.

6. → Dieses Auto ist vielleicht nicht das billigste, es ist aber bestimmt das umweltfreundlichste.

Übung B

1. Sie ist ~~einfach~~ gut in dem, was sie tut.

2. Ich weiß ~~irgendwie~~ nicht, wie ich dieses Problem lösen soll.

3. Er ist ~~ja genau genommen~~ nicht der richtige für den Job.

4. Herr Müller arbeitet ~~inzwischen leider~~ nicht mehr hier.

5. ~~Ich glaube,~~ die Phase der Antragstellung konnten wir ~~eigentlich praktisch relativ~~ gut überstehen.

6. ~~Grundsätzlich~~ sind wir ~~in diesem Zusammenhang bestimmt ausnahmslos~~ für die Beschaffung, nur leider sind wir ~~inzwischen gewissermaßen irgendwie relativ~~ uninformiert was die Richtlinien anbelangt.

Fünfte Grundregel

Übung A

Abkürzung		Bedeutung im beruflichen Alltag
1. MfG	→	Mit freundlichen Grüßen

2. usw. → und so weiter

3. asap → as soon as possible (so schnell wie möglich)

4. z. K. → zur Kenntnis(nahme)

5. ALG → Arbeitslosengeld (auch: Algebra, Algorithmus, Algerien, ...)

6. AÜ → Arbeitnehmerüberlassung, Aufgabenübertragung, Aufgabenüberwachung, Auslandsüberweisung, ...

7. FK → Fachkommission, Führungskraft, Fremdkapital, Finanzkasse, Feldkommandantur, Fahrkarte(n), ...

8. GBR → Gesamtbetriebsrat, Gesellschaft bürgerlichen Rechts (GbR), gebraucht (gbr.), ...

9. i. Z. m. → in/im Zusammenhang mit, in Zusammenarbeit mit, ...

10. i. V. m. → In Verbindung mit, Industrieverband Motorrad Deutschland (IVM), Internationale Verkaufs- und Modewoche (IVM), ...

Übung B

1. TH → Thorium (Element), Thüringen, Technische Hochschule
2. DE → Deutschland, Datenerfassung, Diensteinkommen
3. ICE → InterCityExpress (Bahn), Island, Islamic Council of Europe (Englisch für "Islamischer Rat von Europa")
4. IV → Zahl Vier (römische Zahlen), Interessenvertretung oder Interessenvertreter, Industrieverband
5. HF → Hauptfeldwebel, Hochfrequenz, Herford

Übung C

	Bedeutung	Abkürzung		Bedeutung	Abkürzung
1.	siehe oben	s. o.	5.	September	Sept.
2.	unter Umständen	u. U.	6.	zuzüglich	zzgl.
3.	eigentlich	eigtl.	7.	zu Händen	z. H., z. Hd. oder z. Hdn.
4.	vor Christus	v. Chr.	8.	um Antwort wird gebeten	u. A. w. g.

A	C	P	E	D	A	F	G
A	D	B	K	O	P	M	V
H	J	V	A	R	D	E	L
P	G	S	A	N	V	P	T
Z	D	F	R	I	D	R	U
I	V	M	U	S	W	D	L
H	X	N	S	E	B	E	J
K	O	O	P	K	W	E	C

	Abkürzung	Bedeutung			Abkürzung	Bedeutung
1.	AFG	Afghanistan		2.	DJ	Dschibuti
3.	FM	Finanzministerium, Finanzminister/in		4.	HP	Humanistische Partei (Deutschland)
5.	DE	Deutschland		6.	TU	Technische Universität
7.	IHK	Industrie- und Handelskammer		8.	PKW	Personenkraftwagen
9.	MEP	Member of the European Parliament (Mitglied des Europäischen Parlaments)		10.	ARD	Arbeitsgemeinschaft der öffentlich-rechtlichen Rundfunkanstalten der Bundesrepublik Deutschland

Sechste Grundregel

Übung A

1.

Original

Wenn Sie beim nächsten Mal Ihre Papiere nicht mitbringen, kann ich Ihnen leider nicht helfen.

→

Einfache Sprache

Bringen Sie beim nächsten Mal bitte Ihre Papiere mit. Ich kann Ihnen sonst nicht helfen.

2.

Original

Auch ungeachtet dessen, dass Sie uns gerade keine Dokumente vorzeigen können, können wir mit Ihnen eine Beratung durchführen.

→

Einfache Sprache

Sie können uns gerade keine Dokumente vorzeigen. Trotzdem können wir mit Ihnen eine Beratung durchführen/ Sie beraten.

3.

Original

Aufgrund der gestiegenen Zahl der Arbeitslosen wird von der Bundesregierung

→

Einfache Sprache

Die Zahl der Arbeitslosen ist gestiegen. Zwar bemüht sich die Bundesregierung, aber trot aller Bemühungen durch Gewerkschaften mehr Engagement gefordert.

Gewerkschaften fordern trotzdem mehr Engagement.

4.

Original

„Es hatte ein Mann einen Esel, der schon lange Jahre die Säcke unverdrossen zur Mühle getragen hatte, dessen Kräfte aber nun zu Ende gingen, so daß er zur Arbeit immer untauglicher ward." (Bremer Stadtmusikanten)

→

Einfache Sprache

Eines Tages hatte ein Mann einen Esel. Der Esel trug jahrelang die Säcke zur Mühle, ohne die Lust daran zu verlieren. Die Kräfte des Esels gingen irgendwann zu Ende. Somit wurde er ungeeignet für die Arbeit.

5.

Original

Ihr Lieben, wegen des leider schlechten Wetters findet die Party nicht im Park statt, sondern in der Halle, wo wir nicht nass werden und die Kinder nichtsdestotrotz weiterhin spielen und sich austoben können!

→

Einfache Sprache

Ihr Lieben, das Wetter ist leider schlecht. Daher findet die Party nicht im Park, sondern in der Halle statt. Dort werden wir nicht nass. Und die Kinder können trotzdem spielen und sich austoben!

6.

Original

Bei den Daten, die wir sammeln, handelt es sich einmal um die „personenbezogenen Daten", also Name, Adresse usw. und darüber hinaus natürlich um Ihre „Gesundheitsdaten", also alle Informationen, die wir im Rahmen von Patientengesprächen und Untersuchungen rund um Ihr gesundheitliches Problem erheben.

→

Einfache Sprache

Wir sammeln sowohl „personenbezogene Daten", als auch „Gesundheitsdaten". Die personenbezogenen Daten sind zum Beispiel Ihr Name, Ihre Adresse und so weiter. Die Gesundheitsdaten sind alle Informationen rund um Ihr aktuelles gesundheitliches Problem.

Übung B

1. Wir beraten Sie (1)heute um 14 Uhr (2)wegen Umbauarbeiten (3)zusammen mit anderen Ratsuchenden (4)in einem Gruppenraum.

(1): Wir beraten Sie wegen Umbauarbeiten zusammen mit anderen Ratsuchenden in einem Gruppenraum. Die Beratung findet heute um 14 Uhr statt.

(2): Wir beraten Sie heute um 14 Uhr zusammen mit anderen Ratsuchenden in einem Gruppenraum. Grund dafür sind Umbauarbeiten.

(3): Wir beraten Sie heute um 14 Uhr wegen Umbauarbeiten in einem Gruppenraum. Die Beratung findet zusammen mit anderen Ratsuchenden statt.

(4): Wir beraten Sie heute um 14 Uhr wegen Umbauarbeiten zusammen mit anderen Ratsuchenden. Die Beratung findet in einem Gruppenraum statt.

2. Unsere Mitarbeiter halten (1) morgen (2)wegen des Todes eines geliebten Kollegen (3)für etwa dreißig Minuten und (4)zusammen mit der Ehefrau des verstorbenen Kollegen (5)im großen Saal eine kleine Trauerrede.

(1): Unsere Mitarbeiter halten wegen des Todes eines geliebten Kollegen für etwa dreißig Minuten und zusammen mit der Ehefrau des verstorbenen Kollegen im großen Saal eine kleine Trauerrede. Die Trauerrede findet morgen statt.

(2): Unsere Mitarbeiter halten morgen für etwa dreißig Minuten und zusammen mit der Ehefrau des verstorbenen Kollegen im großen Saal eine kleine Trauerrede. Der Grund für die Trauerrede ist der Tod des geliebten Kollegen.

Oder:

Unsere Mitarbeiter halten morgen für etwa dreißig Minuten im großen Saal eine kleine Trauerrede. Der Grund für die Trauerrede ist der Tod des geliebten Kollegen. Die Rede findet zusammen mit der Ehefrau des verstorbenen Kollegen statt.

(3): Unsere Mitarbeiter halten morgen wegen des Todes eines geliebten Kollegen zusammen mit der Ehefrau des verstorbenen Kollegen im großen Saal eine kleine Trauerrede. Die Trauerrede dauert etwa dreißig Minuten.

(4): Unsere Mitarbeiter halten morgen wegen des Todes eines geliebten Kollegen für etwa dreißig Minuten und zusammen mit der Ehefrau des verstorbenen Kollegen eine kleine Trauerrede. Die Trauerrede findet im großen Saal statt.

Übung C

	Subjekt/ Handelnde	Finites Verb (Tuwort)	Temporale Angabe (wann?)	Kausale Angabe (warum?)	Modale Angabe (wie?)	Lokale Angabe (Wo?/wohin?)
1.	Der Zug	stoppt	seit heute	wegen der Umleitung	nur kurz	in dieser Station.
2.	Er	ging	vorhin	wegen der bösen Bemerkung der Geschäftsführerin	wütend	in den Hof.
3.	Mirjam	eilt	gerade	aufgrund eines Notrufs	unglaublich schnell	zu ihrem kleinen Sohn.
4.	Der Minister	kam	heute	wegen des Unfalls	verspätet	zum Treffen.

Übung D

	Lose Informationen	Ein langer Satz	Mehrere kurze Sätze
1.	(mir – wegen ihrer knappen Zeit – sie – mitteilen. – erst morgen – wird – das Ergebnis der Besprechung – im Pausenraum)	Wegen ihrer knappen Zeit wird sie mir erst morgen im Pausenraum das Ergebnis der Besprechung mitteilen.	Ihre Zeit ist knapp. Sie wird mir deshalb erst morgen im Pausenraum das Ergebnis der Besprechung mitteilen.

2.	(das Treppenhaus hinauf. – Er – wegen seiner Knieprobleme – seit einigen Tagen – langsam und vorsichtig – steigt)	Er steigt seit einigen Tagen wegen seiner Knieprobleme langsam und vorsichtig das Treppenhaus hinauf.	Er hat Knieprobleme. Daher steigt er seit einigen Tagen langsam und vorsichtig das Treppenhaus hinauf.
3.	(überarbeiten. – den Projektplan – wir – in Helenas Büro – zügig – Nach der Mittagspause – müssen)	Nach der Mittagspause müssen wir zügig in Helenas Büro den Projektplan überarbeiten.	Wir müssen den Projektplan zügig überarbeiten. Das machen wir nach der Mittagspause in Helenas Büro.
4.	(muss – hier im Büro – ihre Versichertenkarte – noch in diesem Quartal – vorlegen. – Die Patientin)	Die Patientin muss noch in diesem Quartal hier im Büro ihre Versichertenkarte vorlegen.	Die Patientin muss Ihre Versichertenkarte vorlegen. Das muss sie noch in diesem Quartal hier im Büro tun.
5.	(so schnell es geht – Sie – in zweifacher Anfertigung – den Antrag – müssen – schicken. – ans Jobcenter)	Sie müssen den Antrag so schnell es geht in zweifacher Anfertigung ans Jobcenter schicken.	Sie müssen den Antrag ans Jobcenter schicken. Sie müssen ihn so schnell es geht in zweifacher Anfertigung schicken.[5]

Siebte Grundregel

Übung A

1.

Original (Nominalstil)

Dem Wiedersehen folgte direkt die Verzeihung.

Einfache Sprache (Verbalstil)

→ Vorschlag A Gleich nachdem sie sich wiedersahen, verziehen sie einander.

→ Vorschlag B Sie verziehen einander gleich nachdem sie sich wiedertrafen.

2.

Original (Nominalstil)

Die Entscheidung über die Annahme des Antrags durch die Mittelgeber wurde noch nicht getroffen.

Einfache Sprache (Verbalstil)

→ Vorschlag A Der Antrag wartet immer noch auf die Entscheidung der Mittelgeber.

→ Vorschlag B Die Mittelgeber haben noch nicht entschieden, ob sie den Antrag annehmen.

3.

Original (Nominalstil)

Wegen Krankheit kommt Sarah heute nicht zur Arbeit.

Einfache Sprache (Verbalstil)

→ Vorschlag A Sarah ist heute krank. Sie kommt deshalb nicht zur Arbeit.

→ Vorschlag B Weil sie krank ist, kommt Sarah heute nicht zur Arbeit.

---

[5] „In zweifacher Anfertigung" kann in bestimmten Kontexten sehr förmlich klingen. Sollte jemand eine noch einfachere Aussage brauchen, können Sie Folgendes sagen: „Sie müssen zwei Kopien von demselben Antrag an das Jobcenter schicken."

4.

Original (Nominalstil)

Wir rechnen mit dem reibungslosen Ablauf der Konferenz.

→ Vorschlag A
→ Vorschlag B

Wir denken, die Konferenz wird gut ablaufen.
Wir rechnen damit, dass die Konferenz reibungslos abläuft.

5.

Original (Nominalstil)

Ihre Frage an Herrn Abdul lautet, ob er seinem Empfinden nach ein Wohlfühlgefühl in Deutschland hat.

→ Vorschlag A
→ Vorschlag B

Sie fragen Herrn Abdul, ob er sich wohl fühlt.
Ihre Fragen an Herrn Abdul: „Herr Abdul, fühlen Sie sich in Deutschland wohl?

6.

Original (Nominalstil)

Das Ziel der ersten Gesprächsrunde der Verhandlungen war die Erreichung eines ersten Konsenses.

→ Vorschlag A

→ Vorschlag B

Die Verhandlung besteht aus mehreren Gesprächen. Das erste Gespräch zielt darauf, einen ersten Konsens zu erreichen.
Die erste Gesprächsrunde zielte darauf, einen ersten Konsens zu erreichen.

7.

Original (Nominalstil)

Ihren gestrigen Aussagen zufolge befindet sie sich heute in einem Nonstopflug nach Dubai.

→ Vorschlag A

→ Vorschlag B

Sie fliegt heute nonstop nach Dubai. Das hat sie gestern gesagt.
Gestern meinte sie, sie fliege heute nonstop nach Dubai.

8.

Original (Nominalstil)

Der Glaube meiner Patientin an ein alles wieder gut machendes Wunder fand durch die Realität ein jähes Ende.

→ Vorschlag A

→ Vorschlag B

Meine Patientin glaubte an ein Wunder. Das Wunder würde alles wieder gut machen. Die Realität beendete diesen Glauben jäh.
Die Realität beendete jäh den Glauben meiner Patientin an ein Wunder, das alles wieder gut machen würde.

9.

Original (Nominalstil)

Wegen Ihrer Unpünktlichkeit erwischte sie die Entlassung.

→ Vorschlag A
→ Vorschlag B

Sie wurde entlassen. Sie war unpünktlich.
Weil sie unpünktlich war, wurde sie entlassen.
Oder: Die Chefin hat sie entlassen, weil sie unpünktlich war.

10.

Original (Nominalstil)			Einfache Sprache (Verbalstil)
Kontrollverlust ist menschlich.	→	Vorschlag A	Die Kontrolle zu verlieren ist menschlich.
	→	Vorschlag B	Es ist menschlich, die Kontrolle zu verlieren.

Übung B

	Verb		Nomen		Beispiele
1.	durchführen	→	1) Die Durchführung	→	Die Durchführung des Plans dauerte Jahre.
		→	2) Das Durchführen	→	Dem Durchführen des Plans stand nichts im Weg.
2.	bemalen	→	1) Die Bemalung	→	Die Bemalung der Skulpturen war im Mittelalter weitverbreitet.
		→	2) Das Bemalen	→	Das Bemalen der Wände ist strengstens verboten.
3.	verfügen	→	1) Die Verfügung	→	Nach anhaltender Kritik stellte die Ministerin ihr Amt am letzten Montag zur Verfügung.
		→	2) Das Verfügen	→	Das Verfügen über ein Amt ist in der Parteienlandschaft bei weitem nicht so üblich, wie manche denken.
4.	erklären	→	1) Die Erklärung	→	Der Erklärung des Machthabers mangelte es an Glaubwürdigkeit und Integrität.
		→	2) Das Erklären	→	Eine bessere Prävention erreicht man nur durch konstantes, multimediales Erklären.
5.	erwarten	→	1) Die Erwartung	→	Die Erwartungen des Vorstandsvorsitzenden des Vereins waren genauso groß, wie sein Ego.
		→	2) Das Erwarten	→	Er ist wider Erwarten doch nicht overdressed erschienen.
6.	versuchen	→	1) Die Versuchung	→	Verschiedene Arten der Versuchung erfordern einen unterschiedlichen Umgang.
		→	2) Das Versuchen	→	Der Erfolg kommt nicht allein durch unermüdliches Versuchen.
7.	verlieren	→	1) Der Verlust	→	Der Ausweisverlust kann unter Umständen kostspielige Auswirkungen haben.
		→	2) Das Verlieren	→	Das plötzliche Verlieren des eigenen Blutes verursachte beim Patienten einen Schock.
8.	besprechen	→	1) Die Besprechung	→	Eine Besprechung der Lage erfolgt in Kürze.
		→	2) Das Besprechen	→	Das ständige Besprechen aller Eventualitäten erweckt den Eindruck einer unkontrollierten Lage.
9.	planen	→	1) Die Planung	→	Die gründliche Planung des Gebäudes dauerte länger als erwartet.

		→	2) Das Planen	→	Alle Eventualitäten berücksichtigendes Planen ist das A und O einer gelungenen Veranstaltung.
10.	bedeuten	→	1) Die Bedeutung	→	Die Bedeutung eines Traumes lässt sich nicht abschließend erklären.
		→	2) Das Bedeuten	→	Maschinen verlieren keine Zeit mit dem Bedeuten von Zeichen.

Übung C

	Verb			Beispiele
1.	benutzen	→	Nominalstil:	Die sehr häufige <u>Benutzung</u> dieses Waschmittels führt zu Allergien.
		→	Verbalstil:	Wenn du dieses Waschmittel sehr häufig <u>benutzt</u>, führt das zu Allergien.
2.	kontrollieren	→	Nominalstil:	Die intensiven Kontrollen durch die Polizisten brachten den gewünschten Erfolg.
		→	Verbalstil:	Der gewünschte Erfolg kam, weil die Polizisten intensiv kontrolliert hatten.
3.	Fehler machen	→	Nominalstil:	Das Machen von folgenschweren Fehlern ist unwahrscheinlich.
		→	Verbalstil:	Es ist unwahrscheinlich, folgenschwere Fehler zu machen.
4.	Haare färben	→	Nominalstil:	Das Färben der Haare ist schädlich.
		→	Verbalstil:	Es ist schädlich, die Haare zu färben.
5.	veröffentlichen	→	Nominalstil:	Der Autor plant die Veröffentlichung des Buches im Eigenverlag.
		→	Verbalstil:	Der Autor plant, das Buch im Eigenverlag zu veröffentlichen.
6.	anfragen	→	Nominalstil:	Die Opposition plant das Anfragen der Regierung zu diesem Thema.
		→	Verbalstil:	Die Opposition plant, die Regierung zu diesem Thema anzufragen.
7.	anbieten	→	Nominalstil:	Das Unternehmen sprach sich für das Anbieten der angeforderten Summe aus.
		→	Verbalstil:	Das Unternehmen sprach sich dafür aus, die angeforderte Summe anzubieten.
8.	herabsetzen	→	Nominalstil:	Die angesaugten Staubpartikel verursachten die Herabsetzung der Effizienz der Maschine.
		→	Verbalstil:	Die angesaugten Staubpartikel setzten die Effizienz der Maschine herab.
9.	dulden	→	Nominalstil:	Die Stadtverwaltung plant die uneingeschränkte Duldung der Alkoholsüchtigen.
		→	Verbalstil:	Die Stadtverwaltung plant, die Alkoholsüchtigen uneingeschränkt zu dulden.
10.	beobachten	→	Nominalstil:	Eine ganztägige Beobachtung der Patientin ist nicht notwendig.
		→	Verbalstil:	Es ist nicht notwendig, die Patientin den ganzen Tag zu beobachten.

Passiv		Aktiv
1. Der Patient wird vom Arzt untersucht.	→	Der Arzt untersucht den Patienten.
2. Die E-Mail wird von meiner Kollegin geschickt.	→	Meine Kollegin schickt die E-Mail.
3. Die Analyse wird vom Bundesministerium durchgeführt.	→	Das Bundesministerium führt die Analyse durch.
4. Die Aufgabe kann nur von sehr guten Schülern richtig beantwortet werden.	→	Nur sehr gute Schüler können die Aufgabe richtig beantworten.
5. Der Bericht wurde von der Chefin vorgelesen.	→	Die Chefin las den Bericht vor. Oder: Die Chefin hat den Bericht vorgelesen.
6. Die Beratung wurde von Julia verschoben.	→	Julia verschob die Beratung. Oder: Julia hat die Beratung verschoben.
7. Die Summe wurde von wohlhabenden Personen gespendet.	→	Wohlhabende Personen spendeten die Summe. Oder: Wohlhabende Personen haben die Summe gespendet.
8. Das Programm wird vom Bundesministerium für Arbeit und Soziales gefördert.	→	Das Bundesministerium für Arbeit und Soziales fördert das Programm.
9. Ihnen kann von uns leider nicht geholfen werden.	→	Wir können Ihnen leider nicht helfen.
10. Das Formular muss von Ihnen ausgefüllt werden.	→	Sie müssen das Formular ausfüllen.

Aktiv		Passiv
1. Patrick beantwortete die Anfrage.	→	Die Anfrage wurde beantwortet.
2. Du bekommst morgen Bescheid, ob es klappt.	→	Morgen wird dir Bescheid gegeben, ob es klappt.
3. Laura hat den Mohammad beraten.	→	Der Mohammad wurde beraten.
4. Man kann die PDF-Datei nicht ausdrucken.	→	Die PDF-Datei kann nicht ausgedruckt werden.
5. Jemand macht gerade die Kaffeemaschine sauber.	→	Die Kaffeemaschine wird gerade saubergemacht.
6. Das Problem ist nicht zu lösen.	→	Das Problem kann nicht gelöst werden.
7. Der Chef ist gerade nicht ansprechbar.	→	Der Chef kann gerade nicht angesprochen werden.
8. Sowas ist unsagbar.	→	Sowas kann/darf nicht gesagt werden.

9. Sie müssen noch heute die E-Mail rausschicken.

→ Die E-Mail muss noch heute rausgeschickt werden.

10. Wir konnten die Haare nicht trocken bekommen.

→ Die Haare konnten nicht getrocknet werden.

Übung C

	Verb	Passiv		Aktiv
1.	schicken	Dem Kunden wurde (vom Mitarbeiter) ein Brief geschickt.	→	Der Mitarbeiter schickte dem Kunden einen Brief.
2.	geben	Dem Kind wurde (von der Mutter) der Ball gegeben.	→	Die Mutter gab dem Kind den Ball.
3.	öffnen	Die E-Mail wurde (von mir) geöffnet.	→	Ich öffnete die E-Mail.
4.	beraten	Sie werden (von meiner Kollegin) im nächsten Büro beraten.	→	Meine Kollegin berät Sie im nächsten Büro.
5.	schreiben	Dem Kunden war (von der Praktikantin) geschrieben worden.	→	Die Praktikantin hatte dem Kunden geschrieben.
6.	dulden	Rassistische Kommentare werden (von uns) nicht geduldet werden.	→	Wir werden rassistische Kommentare nicht dulden.
7.	anrufen	Sie sind (von der Sachbearbeiterin) angerufen worden.	→	Die Sachbearbeiterin hat Sie angerufen.
8.	ausfüllen	Die offizielle Anmeldung wird (von Sarah) ausgefüllt worden sein.	→	Sarah wird die offizielle Anmeldung ausgefüllt haben.
9.	abmahnen	Die Firma ist (von einem Anwalt) abgemahnt worden.	→	Ein Anwalt hat die Firma abgemahnt.
10.	verkaufen	Das Haus wird (von uns) verkauft werden.	→	Wir werden das Haus verkaufen.

Neunte Grundregel

Übung A

1).

Original		Ein Vorschlag in Einfacher Sprache
Die Flagge Bremens, die umgangssprachlich auch als Speckflagge bezeichnet wird, ist achtmal rot und weiß gestreift, und sie trägt damit die Farben der Hanse, Rot und Weiß, welche in Bremen überall anzutreffen sind.	→	Die Flagge Bremens ist achtmal rot und weiß gestreift. Die beiden Farben sind die Farben der Hanse. Sie sind in Bremen überall anzutreffen. Die Flagge wird umgangssprachlich auch als „Speckflagge" bezeichnet.

2).

Original

Khalil Gibran, der 1883 im heutigen Libanon geboren wurde, ist ein libanesisch-amerikanischer Maler, Philosoph und Dichter, dessen Werke, deren zentrale Motive um den Gedanken kreisen, dass das Leben, die Liebe und der Tod das Wesentliche für uns Menschen sein sollen, in die meisten Sprachen der Welt übersetzt wurden.

→

Khalil Gibran ist ein libanesisch-amerikanischer Maler, Philosoph und Dichter. Er wurde 1883 im heutigen Libanon geboren. Seine Werke wurden in die meisten Sprachen der Welt übersetzt. Die zentralen Motive seiner Werke kreisen um den Gedanken, dass das Leben, die Liebe und der Tod das Wesentliche für uns Menschen sein sollen.

3).

Original

Damit Sie unsere Website in vollem Umfang nutzen können und wir Ihnen dadurch unsere Dienstleistungen anbieten können, werden Ihre personenbezogenen Daten, zu denen z.B. Name, Anschrift, Email-Adresse, u.ä gehören, von uns erhoben und gespeichert, wobei Ihre Daten von uns nur gemäß den Bestimmungen des deutschen Datenschutzes verarbeitet werden.

→

Wir speichern Ihre personenbezogenen Daten wie Name, Anschrift, E-Mail-Adresse und ähnliches. Nur so können Sie unsere Website in vollem Umfang nutzen. Und dadurch können wir Ihnen unsere Dienstleistungen bieten. Ihre Daten verarbeiten wir nach den Bestimmungen des deutschen Datenschutzes.

4).

Original

Nun lasst uns die Aktivitäten noch einmal in kurzer Form zusammenfassen, die wir gestern gemacht haben, als wir den Ausflug, sprich den ersten gemeinsamen Auslug, zum Rathaus in der Innenstadt gemacht haben und es – wie ihr wisst, den ganzen Tag dauerte, wobei wir am Ende des Tages aufgrund fehlender Zeit gar nicht dazu kamen, über eure Eindrücke zu sprechen.

→

Lasst uns die Aktivitäten von gestern zusammenfassen. Es war ja unser erster, gemeinsamer Ausflug zum Rathaus in der Innenstadt. Gestern kamen wir nicht dazu, über eure Eindrücke zu sprechen. Der Auslug dauerte den ganzen Tag. Und wir hatten am Ende des Tages keine Zeit.

5).

Original

Könnten Sie mir vielleicht sagen, wie dieses Gericht noch mal hieß, bei dem man Toastbrot einweichen lässt, ganze Tomaten mit kochendem Wasser überbrüht und schält und rote Paprika würfelt um sie – nachdem man das Ganze püriert hat – über Nacht kalt stellt und der Suppe am nächsten Tag weitere Zutaten gibt und zum Schluss mit Basilikum-Blättchen bestreut?

→

Ich würde gerne den Namen eines Gerichts wissen. Das Gericht wird so gemacht: Zunächst weicht man ein Toastbrot ein. Man überbrüht dann ganze Tomaten mit kochendem Wasser und schält sie. Danach würfelt man eine Paprika und püriert alles zusammen. Über Nacht wird das Ganze kaltgestellt. Am nächsten Tag gibt man der Suppe weitere Zutaten zu. Und zum Schluss bestreut man die Suppe mit Basilikum-Blättchen.

Übung B

1).

Vereinfacht

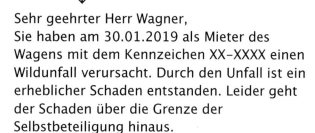

Sehr geehrter Herr Wagner,
Sie haben am 30.01.2019 als Mieter des
Wagens mit dem Kennzeichen XX–XXXX einen
Wildunfall verursacht. Durch den Unfall ist ein
erheblicher Schaden entstanden. Leider geht
der Schaden über die Grenze der
Selbstbeteiligung hinaus.

…

Original

Sehr geehrter Herr Wagner,
wie Ihnen bekannt ist, verursachten Sie am
30.01.2019 als Mieter des Wagens mit dem
amtlichen Kennzeichen XX–XXXX einen Unfall,
wodurch ein nicht unerheblicher Schaden
entstanden ist, der leider über die Grenze der
Selbstbeteiligung hinausgeht.

…

2).

Vereinfacht

…

Unser Angebot ist einmalig. Es befreit Sie von
langen Vertragslaufzeiten und fixen Kosten.
Trotzdem surfen, telefonieren und simsen Sie
dauerhaft günstig. Denn nur Sie selber legen
die Grenzen Ihrer Möglichkeiten fest.

…

Original

Mit unserem einmaligen Angebot, mit dem Sie
unabhängig von langen Vertragslaufzeiten und
fixen Kosten werden, trotzdem dauerhaft
günstig surfen, telefonieren und simsen
können, legen Sie selber die Grenzen Ihrer
Möglichkeiten fest.

3).

Vereinfacht

…

Sehr geehrte Kundin, sehr geehrter Kunde,

vielen Dank dafür, dass Sie Ihre nächste Reise
zusammen mit uns organisieren möchten. Mit
uns können Sie nicht nur einen einfachen Flug
oder eine einfache Übernachtung buchen. Sie
können auch Ihre nächste Pauschalreise
buchen. Wir freuen uns auf alle Fälle jetzt
schon auf Sie.

…

Original

Sehr geehrte Kundin, sehr geehrter Kunde,

vielen Dank dafür, dass Sie Ihre nächste Reise,
welche angesichts unserer Angebotslandschaft
in Gestalt eines einfachen Flugs, einer
Hotelübernachtung, oder einer Pauschalreise
organisiert werden kann, zusammen mit uns
organisieren möchten, worauf wir uns in jedem
Fall jetzt schon freuen.

Zehnte Grundregel

Übung A

Frage		Antwort im Genitiv
1. Gehören die Bücher unserem Lehrer?	→	Ja, das sind die Bücher *unseres Lehrers*.
2. Hat der Mittelgeber diese Vorlagen gemacht?	→	Ja, es handelt sich um die Vorgaben des Mittelgebers.

3. Hast du den Ordner von Christina? → Nein, ich habe Christinas Ordner nicht.

4. Will sie keinen direkten Kommentar machen? → Ja, sie enthält sich eines direkten Kommentars.

5. Haben alle Befragten ihre Stimme abgegeben? → Nein, ein Fünftel (der Befragten) enthielt sich der Stimme.

6. Ist das nicht der Freund von deiner jüngeren Schwester? → Ja, das ist der Freund meiner jüngeren Schwester.

7. Werdet Ihr die Situation meistern? → Ja, wir werden der Situation Herr.

8. Hat man ihn in Verbindung mit der Korruption bringen können? → Ja, die Staatsanwaltschaft klagt ihn schon der Korruption an.

9. Ist er wirklich dazu fähig, einen Mord zu begehen? → Nein, ich denke nicht. Er ist nicht des Mordens fähig.

10. Bist du dir sicher, dass du Erfolg haben wirst? → Ja, ich bin mir des Erfolges gewiss.

Übung B

Antwort im Genitiv		Frage
1. Das sind die Angaben des Antragstellers.	→	*Wessen Angaben sind diese?*
2. Das ist Website des Politikers.	→	Wessen Website ist diese?
3. Ich suche den Ordner von Herrn Mohammad.	→	Wessen Ordner suchst du?
4. Es ging um die Leiden des jungen Werthers.	→	Um wessen Leiden ging es?
5. Sie schrieb über die E-Mail-Adresse ihrer Vorgesetzten.	→	Über wessen E-Mail-Adresse schrieb sie?

Übung C

Genitiv		Umschreibung ohne Genitiv
1. Ist das die Unterschrift des Betroffenen?	→	Hat der Betroffene hier unterschrieben?
2. „Faust. Eine Tragödie" ist ein Werk des Schriftstellers Goethe.	→	Der Schriftsteller Goethe schrieb/ verfasste das Werk „Faust. Eine Tragödie". Weniger optimal: „Faust. Eine Tragödie" wurde vom Schriftsteller Goethe geschrieben.
3. Über die Abfahrt der Züge können Sie sich an der Anzeigetafel informieren.	→	Sie können sich an der Anzeigetafel informieren. Dort steht, wann die Züge fahren.
4. Das Glück war diesmal aufseiten des Gegners.	→	Diesmal hatte der Gegner Glück.

5. Früher waren die Anlagen nicht innerhalb, sondern außerhalb der Halle. → Früher waren die Anlagen nicht in der Halle, sondern draußen.

6. Mangels ausreichenden Interesses wurde das Projekt nicht verlängert. → Weil das Interesse nicht ausreichend war, wurde das Projekt nicht verlängert.
Oder: Man hat das Projekt nicht verlängert, weil das Interesse nicht genügend war.

7. Nur mithilfe Ihrer Zusammenarbeit können wir das Problem lösen. → Nur wenn Sie mitarbeiten, können wir das Problem lösen.

8. Aufgrund der schlechten Nachfrage müssen wir umdenken. → Wir müssen umdenken, weil die Nachfrage schlecht ist.
Oder: Die Nachfrage ist schlecht. Wir müssen daher umdenken.

9. Der Unfall passierte infolge dichten Nebels. → Der Neben war dicht. Deshalb ist der Unfall passiert.
Oder: Der Unfall ist passiert, weil der Nebel dicht war.

10. Laut der Bundesagentur für Arbeit dürfen Sie dieses Praktikum machen. → Die Bundesagentur sagt/meint, dass Sie dieses Praktikum machen dürfen.

Übung D

	Präposition	Genitiv		Umformulierung ohne Genitiv
1.	trotz	Trotz seiner vielen Versuche scheiterte er am Ende.	→	Obwohl er viel versucht hatte, scheiterte er am Ende.
2.	angesichts	Angesichts gestiegener Preise müssen wir noch härter sparen.	→	Die Preise sind gestiegen. Wir müssen (daher) noch härter sparen.
3.	anhand	Anhand dieses Beispiels erkennen Sie, wie wichtig das Thema ist.	→	An/Mit diesem Beispiel erkennen Sie, wie wichtig das Thema ist.
4.	anlässlich	Wir wollen anlässlich seines Geburtstags eine Feier organisieren.	→	Wir wollen eine Feier organisieren, da/ weil er Geburtstag hat.
5.	(an)statt	Anstatt eines Motorrads nehme ich das Fahrrad.	→	Ich nehme das Fahrrad als Ersatz/ im Austausch für das Motorrad.
6.	aufgrund	Aufgrund des schlechten Verhältnisses zwischen den Beiden, leidet die ganze Familie.	→	Die ganze Familie leidet, weil die beiden ein schlechtes Verhältnis (zueinander) haben.
7.	bezüglich	Sie hat bezüglich Ihres Plans nichts verraten.	→	Sie hat über ihren Plan nichts verraten.
8.	mithilfe	Sie überwinden das Problem mithilfe dieses Schrittes.	→	Dieser Schritt hilft Ihnen, das Problem zu überwinden.
9.	um...willen	Er hat es um der Liebe willen getan.	→	Er hat es für die Liebe getan.
10.	während	Während des gesamten Gesprächs schaute sie nur auf das Handy.	→	Im gesamten Gespräch schaute sie nur auf das Handy.

Elfte Grundregel

Übung A

Original		Einfache Sprache
1. Haifisch	→	*Hai*
2. auseinanderdividieren	→	dividieren
3. vorbeigehender Passant	→	Passant
4. Diese Diskussion müssen wir morgen weiter fortsetzen.	→	Diese Diskussion müssen wir morgen fortsetzen.
5. Ich kann ihn ziemlich gut leiden.	→	Ich kann ihn (gut) leiden.
6. Dieser Fall fällt nicht in den Bereich meiner Pflichten.	→	Dieser Fall fällt nicht in meine Pflichten.
7. Ihr Schreiben vom 12.05.2019, in dem Sie einen Antrag auf Fahrkosten gestellt haben, ist uns abhandengekommen. Die beantragten Fahrtkosten kann ich aus diesem Grund nicht ohne Weiteres erstatten.	→	Ihr Schreiben vom 12.05.2019 ist uns abhandengekommen. Die Fahrtkosten kann ich aus diesem Grund nicht erstatten.
8. Lisa stürmte schnell in das Zimmer, wo Peter allein ohne andere Personen auf dem Bett saß.	→	Lisa stürmte in das Zimmer, wo Peter allein auf dem Bett saß.
„Peter", sagte Lisa während feuchte Tränen Ihre Wangen abwärts hinunterrollten, „liebst du mich noch?", fragte Lisa.		„Peter," sagte Lisa während feuchte Tränen Ihre Wangen hinunterrollten, „liebst du mich noch?"
Peter hob den Kopf und schaute sie fest an. „Ja" antwortete Peter (er) und nickte dabei mit dem Kopf.		Peter hob den Kopf und schaute sie fest an. „Ja" antwortete er und nickte.

Original	Einfache Sprache	Feste Verbindung	Kurzer Ersatz
1. Er hat seinem Vater einen Besuch abgestattet.	→ Er hat seinen Vater besucht.	Jemandem einen Besuch abstatten	→ jemanden besuchen
2. Sie haben die Verhandlungen endlich zum Abschluss gebracht.	→ Sie haben die Verhandlungen endlich abgeschlossen.	Etwas zum Abschluss bringen	→ Etwas abschließen; etwas beenden
3. Der Geschäftsführer hat lediglich seine Bedenken zur Sprache gebracht.	→ Der Geschäftsführer hat lediglich seine Bedenken geäußert.	Etwas zur Sprache bringen	→ etwas aussprechen; etwas äußern
4. Er hat Anklage gegen seinen Nachbarn erhoben.	→ Er hat seinen Nachbarn angeklagt.	Anklage gegen jemanden erheben	→ Jemanden anklagen
5. Wir können für diese Materialien keine Verwendung finden.	→ Wir können diese Materialien nicht verwenden. Oder: Wir brauchen diese Materialien nicht.	Eine Verwendung für etwas finden	→ Etwas verwenden

6.	Die Stadtverwaltung hat ihre Zustimmung zum Kauf gegeben.	→ Die Stadtverwaltung hat dem Kauf zugestimmt	Zustimmung zu etwas geben	→ Etwas zustimmen
7.	Er hat die Überzeugung gewonnen, dass es keinen Sinn mehr macht.	→ Er ist (nun) überzeugt, dass es keinen Sinn mehr macht.	Die Überzeugung gewinnen	→ überzeugt sein
8.	Nachdem der Minister den neuen Bericht gelesen hatte, ist er zum Entschluss gekommen, das Projekt abzubrechen.	→ Nachdem der Minister den neuen Bericht gelesen hatte, entschloss er sich, das Projekt abzubrechen.	Zum Entschluss kommen	→ sich entschließen
9.	Er muss für den gebrochenen Stift Ersatz leisten.	→ Er muss den gebrochenen Stift ersetzen.	Ersatz leisten	→ ersetzen
10.	Bitte setzen Sie uns in Kenntnis, sobald sich etwas ändert.	→ Bitte informieren Sie uns, sobald sich etwas ändert.	Jemanden (von/über etwas) in Kenntnis setzen	→ Jemanden (von/über etwas) informieren; jemandem etwas mitteilen

Printed in Great Britain
by Amazon